Michael Heath

Segredos de Gestão

Editora Fundamento

Sobre o autor

Michael Heath é diretor administrativo da Michael Heath Consulting, consultoria de aprendizado e desenvolvimento, criada em 1999. Depois de trabalhar, por quase 20 anos, com uma notável carteira de clientes internacionais, Heath oferece aqui valiosos conhecimentos e ideias para enfrentar os desafios que se colocam diante do administrador. É autor do livro *Segredos de Liderança*, um dos títulos da série **Segredos Profissionais**.

Segredos de Gestão

2014, Editora Fundamento Educacional Ltda.

Editor e edição de texto: Editora Fundamento
Capa e editoração eletrônica: T R C Comunic Design Ltda. (Marcio Luis Coraiola)
CTP e impressão: Benvenho & Cia. Ltda.
Tradução: Tito Martino Produções Musicais Artísticas e Audiovisuais Ltda.
(Terezinha Martino)
Revisão técnica: Cristina Villela Vaz de Carvalho

Publicado originalmente em inglês por HarperCollins *Publishers* Ltd.
Copyright © 2010 HarperCollins *Publishers*
Copyright da versão em língua portuguesa © 2014 Editora Fundamento Educacional Ltda.
Traduzido sob licença da HarperCollins *Publishers* Ltd.
Os direitos morais do autor foram assegurados.

Todos os direitos reservados. Nenhuma parte deste livro pode ser arquivada, reproduzida ou transmitida de qualquer forma ou por qualquer meio, seja eletrônico ou mecânico, incluindo fotocópia e gravação de backup, sem permissão escrita do proprietário dos direitos.

Dados Internacionais de Catalogação na Publicação (CIP)
(Maria Isabel Schiavon Kirasz)

H438	Heath, Michael Série Segredos Profissionais: Segredos de gestão / Michael Heath [versão brasileira da editora]. – 1. ed. – São Paulo, SP : Editora Fundamento Educacional Ltda., 2014. Título original: Business secrets : Management secrets 1. Administração de empresas 2. Markenting I. Título CDD-658.8 (22. ed) CDU-658.8

Índice para catálogo sistemático:
1. Negociação: Administração executiva 658.4052

Fundação Biblioteca Nacional

Depósito legal na Biblioteca Nacional, conforme Decreto nº 1.825, de dezembro de 1907.
Todos os direitos reservados no Brasil por Editora Fundamento Educacional Ltda.

Impresso no Brasil

Telefone: (41) 3015 9700
E-mail: info@editorafundamento.com.br
Site: www.editorafundamento.com.br

Este livro foi impresso em papel pólen soft 80 g/m² e a capa em papel-cartão 250 g/m².

Sumário

Introdução	8
1 Administre seus atos	**10**
1.1 Seja um modelo para a equipe	12
1.2 Seja autêntico	14
1.3 Tenha uma aparência convincente	16
1.4 Vamos, imponha-se!	18
1.5 Arranje tempo para administrar	20
2 Delegue poderes ao grupo	**22**
2.1 Lidere com estilo	24
2.2 Saiba o que motiva	26
2.3 Treinar é uma chance de crescer	28
2.4 Ofereça atendimento personalizado	30
2.5 Fique atento ao retorno da informação	32
2.6 Compartilhe sua carga de trabalho	34
2.7 Desempenho integrado faz vencedores	36
2.8 Realce o lado positivo em suas avaliações	38
2.9 Longe dos olhos não significa perto do coração	40
2.10 Use a disciplina discretamente	42

3 Faça as coisas acontecerem — 44
3.1 Tome decisões definitivas — 46
3.2 Planeje muito bem os projetos — 48
3.3 Evite objetivos vagos — 50
3.4 Defina as etapas importantes — 52
3.5 Monitore o trabalho de modo eficaz — 54
3.6 Distribua o trabalho de modo equitativo — 56
3.7 Elabore relatórios que as pessoas queiram ler — 58

4 Comunique-se em todas as direções — 60
4.1 Administre o contato com seus superiores e subordinados — 62
4.2 Acesse o canal de retorno das informações — 64
4.3 Aprenda a se conhecer — 66
4.4 Pergunte primeiro, depois ouça as respostas — 68
4.5 Tenha tato ao lidar com as pessoas — 70
4.6 É ótimo colaborar — 72
4.7 Seja um devorador de cultura — 74
4.8 Aprenda a linguagem corporal — 76
4.9 Redija os e-mails com cuidado — 78

5 Contrate os melhores — 80
5.1 Saiba exatamente o que está procurando — 82
5.2 Prepare-se para impressionar na entrevista — 84
5.3 Poupe tempo, entrevistando por telefone — 86

5.4 Faça com que bons candidatos queiram
   trabalhar com você   88
5.5 Evite aquela atração fatal   90

6 Forme uma excelente equipe   **92**
6.1 Defina os papéis de cada integrante
   da equipe   94
6.2 Conduza o seu grupo para uma viagem   96
6.3 Desperte o espírito de equipe   98
6.4 Crie uma equipe de altíssimo nível   100
6.5 Comunique-se com uma equipe virtual   102
6.6 Arranje tempo para reuniões   104
6.7 Elabore uma pauta para a reunião   106
6.8 Seja um bom moderador   108
6.9 Nas reuniões, dê a todos a oportunidade
   de falar   110
6.10 Transforme palavras em ações   112

7 Elabore um plano viável   **114**
7.1 Vincule o orçamento à estratégia   116
7.2 Entenda o seu orçamento   118
7.3 Preveja o futuro   120
7.4 Negocie abertamente   122

Índice de jargões   124

Prepare-se para administrar!

A livraria está repleta de títulos para ajudá-lo a administrar melhor. Então, por que mais um? Porque eu também trabalhei como gestor. Escrevi este livro para fornecer conselhos práticos sobre os desafios do cotidiano, pois sei o que você enfrenta. Mas, se você acha que teorias acadêmicas podem ajudá-lo – este não é o seu livro.

Atuando na área durante vinte anos, trabalhei com profissionais que também eram gestores, treinando-os, fornecendo-lhes *coaching* e como seu mentor. Acredite, é um bocado de experiência. Conheci líderes superestrelas, e alguns que tinham somente uma estrela, por serem muito medíocres na execução da função. O que os distingue é simplesmente o fato de que os bons administradores se preparam.

Meu objetivo é que você se prepare para que sua vida de gestor fique mais fácil. Desejo que sinta o entusiasmo de saber como liderar bem uma equipe, que adquira boa reputação e que seja alguém que as pessoas querem adotar como modelo, com quem queiram se parecer. Por isso compartilho com você **50 segredos**, distribuídos nos próximos sete capítulos.

■ **Administre seus atos.** Você precisa ter uma noção nítida de quem é antes de comandar outras pessoas. A credibilidade pessoal é um importante fator no sucesso de um gestor.

- **Delegue poderes.** As pessoas podem ser poderosas, mas isso só acontece quando o comportamento correto do líder as capacita para assumir esse poder. O que determinará o seu sucesso é a maneira como você se prepara para interações cruciais com os outros.
- **Faça as coisas acontecerem.** O administrador consegue resultados. E isso significa usar as ferramentas e técnicas corretas, que garantam um trabalho bem-feito.
- **Comunique-se em todas as direções.** Muitas pessoas não percebem quantas habilidades um gestor talentoso usa quando se comunica, não só com a equipe, mas com qualquer pessoa importante com quem ele interage.
- **Contrate os melhores.** Se deseja que um excelente candidato diga "sim" à sua oferta de trabalho, ter um sistema de recrutamento tornará o seu desejo realidade.
- **Forme uma excelente equipe.** Ótimas equipes não surgem por acaso. O administrador trabalha cuidadosamente na composição do grupo e com as habilidades e a motivação de seus funcionários, além de transformar reuniões em eventos dos quais as pessoas participam com prazer.
- **Trate o orçamento com respeito.** Tendo ou não um orçamento à disposição, o fato é que você adota decisões importantes que vão afetá-lo. Compreender o processo é de grande ajuda para que você se oriente em suas decisões.

Mais uma vez sublinho a necessidade de se preparar. Não se boicote. Refletir a respeito e se preparar para situações que uma administração enfrenta com frequência é muitas vezes o fator decisivo que distingue um grande líder do medíocre.

Grandes líderes se antecipam aos fatos e se preparam, enquanto os outros se limitam a reagir e consertar os erros.

Capítulo 1
Administre seus atos

Gosto demais desta frase: "O que compreendo, eu controlo. O que não entendo, me controla". Este capítulo visa aprofundar a compreensão que você tem de si próprio e de como é visto por sua equipe. Os segredos que vou partilhar com você envolvem aspectos que muitos gestores não captam efetivamente. Pense a respeito e determine até que ponto você gerencia de maneira positiva seus próprios atos. Aí, então, estará pronto para administrar os outros.

1.1

Seja um modelo para a equipe

A busca de um modelo começa na infância, quando procuramos dentro de nosso círculo alguém que gostaríamos de imitar. À medida que nos desenvolvemos, nosso alvo muda. Queremos ser mais parecidos com os amigos, os heróis, nosso chefe...

Quer saber? Há pessoas que gostariam de ser um gestor como você. Fazer o que você faz. Elas o observam atentamente e até começam a imitar suas ações. Já percebeu isso? Provavelmente você também age assim, adotando os mesmos enfoques que seu chefe ou procurando fazer exatamente o contrário.

■ **O que é importante na busca de um modelo?** É imitar o sucesso que observamos, porque queremos ser bem-sucedidos. Ora, se você deseja ter funcionários entusiasmados, atentos aos detalhes, gestores excelentes que trabalhem com afinco etc., então deve ser um

---

Estudo de caso – No início da minha carreira como facilitador, realizei um workshop para a equipe de atendimento ao cliente da minha organização. Abordamos temas corriqueiros, como, por exemplo, ligar para os clientes fazendo a saudação padrão da empresa. Alguns dias depois, fiquei surpreso ao ver que um

> **"O exemplo não é o principal fator para influenciar pessoas. É o único."**
>
> **Albert Schweitzer, filósofo franco-alemão**

líder entusiasmado, atento aos detalhes, um gestor que organiza bem o seu tempo. Acho que você entendeu.

■ **O reverso da medalha.** Você não pode exigir dos subordinados o que também não estiver disposto a fazer. É preciso que eles trabalhem, às vezes, até mais tarde? Então, você também deve trabalhar de vez em quando até mais tarde. Quer que cumpram os prazos? Então, confira seus prazos com eles. Quer que eles se respeitem dentro da equipe? Então, precisa respeitá-los dentro e fora da equipe.

Ao demonstrar um alto desempenho, você estimula seus funcionários a progredir. Não é necessário dizer "seja como eu": eles entenderão a mensagem.

Demonstre excelência e profissionalismo sempre.

dos participantes do workshop atendeu uma ligação dizendo um "alô!" informal. Perguntei lhe por que não cumprimentou o cliente da forma profissional que abordamos no curso. Ele apontou para seu chefe, do outro lado da sala, e me disse: "Quando ele atender o cliente da maneira adequada, farei o mesmo".

1.2

Seja autêntico

Não demora muito para as pessoas reconhecerem uma fraude. Você mesmo já deve ter observado uma ou duas em seu ambiente de trabalho e sabe como é importante ser autêntico e honesto com os funcionários. Mas como criar uma relação de confiança entre gestor e equipe?

O que os subordinados esperam de você é um comportamento coerente. Eles precisam ver que existe lógica nas decisões e sentir que você é sempre justo – mesmo que não gostem da decisão tomada.

Essa coerência emana sempre de um caráter estável. Mas o que é caráter? Normalmente é a combinação das qualidades que definem um indivíduo. Algumas delas podem significar atributos como determinação, perseverança ou entusiasmo, outras têm mais a ver com princípios éticos, como honestidade, integridade, imparcialidade.

Estudo de caso – Uma gerente que havia sido promovida recentemente me ligou para pedir um conselho.
– O problema é que não sou de bate-papos informais – disse.
– Sei que os gestores devem ter essa flexibilidade, mas não sou boa nisso.
Eu sugeri a ela.

Faça agora o exercício seguinte.

1. Identifique seus traços de caráter. Pegue uma folha de papel e escreva todas as qualidades que acredita ter. Tente identificar pelo menos 10 ou 15 características.

2. Confira-os. Mostre a lista de qualidades para alguém que você conhece. Um sócio, um amigo ou um colega que possa lhe dar uma opinião honesta.

3. Mentalmente, "assine embaixo". Faça um pacto consigo mesmo no sentido de que esse é o seu "verdadeiro eu" e que vai procurar sempre agir de acordo com essas características.

4. Mantenha sempre essa lista por perto. Deixe-a em um local discreto onde possa localizá-la rapidamente.

5. Use a lista no momento de tomar decisões difíceis. Da próxima vez que precisar tomar uma decisão difícil, certifique-se de que ela reflete as características de sua personalidade que você aceitou como verdadeiras.

Seus funcionários podem questionar suas decisões, mas não devem nunca questionar seu caráter.

– Ora, deixe que eles saibam disso. Diga a eles no que você é boa. E também o que não gosta de fazer. Eles vão entender. E eles entenderam. Acho também que apreciaram sua honestidade. Ela foi uma líder sincera desde o início. Evitou fingir ter um talento que, na verdade, não tinha. Mas mostrou uma grande qualidade: seu desejo de ser sempre honesta com a equipe.

1.3

Tenha uma aparência convincente

Líderes raramente falam sobre a sua "imagem", mas vamos ser claros: você tem imagem. A maneira como se veste é uma indicação do tipo de pessoa que você é. Vestir-se informalmente pode ser moderno, mas, se você usar uma roupa informal e ao mesmo tempo elegante, é muito melhor. Pense nisso. Você não vai passar uma mensagem de milhões de dólares usando um terno barato.

Se você acha que estou supervalorizando o impacto da sua aparência, vamos lembrar a disputa presidencial entre Richard Nixon e John F. Kennedy, em 1960. Comenta-se até hoje que JFK venceu a eleição porque Nixon não se preocupava em fazer a barba. Mesmo com maquiagem, uma pessoa não consegue esconder a barba de um dia. Você não vai conquistar confiança parecendo um gângster.

> **Minuto de reflexão** – Observe, na sua empresa, aqueles que cuidam bem da própria imagem. Como essas pessoas fazem isso? Como sabem que estão bem vestidas? O que você pode aprender com elas e fazer para melhorar a própria aparência?

"A maioria é avaliada pelo paletó que usa."

Baltasar Gracián y Morales, escritor espanhol do século XVII

■ **O que um traje elegante faz?** Neutraliza a opinião das pessoas sobre você. Em vez de observar as calças que não lhe caem bem, ou fazer piadas sobre sua gravata, elas se concentrarão na sua pessoa e na sua mensagem. Quando você se veste profissionalmente, as pessoas presumem que estão diante de um profissional. Você está vestido de modo adequado à situação.

■ **A imagem não se esgota no traje.** Uma aparência impecável também emite mensagens positivas a seu respeito. Informa às pessoas que você se preocupa com pequenas coisas e dá importância aos detalhes. Assim, se anda de carro, mantenha-o limpo. Ao abrir sua pasta, é importante que ela não esteja repleta de papéis e em completa desordem. Se usa celular ou outro aparelho móvel, regule o toque de chamada para que não seja tão estridente a ponto de chamar a atenção das pessoas.

■ **Por último, como está sua mesa de trabalho?** A aparência dela precisa demonstrar que você mantém tudo sob controle. Lembre-se: o trabalho de um administrador supõe sempre a gestão dos detalhes. Uma mesa em desordem envia mensagens erradas para a equipe e os colegas.

Todo gestor também é um vendedor. Vendemos ideias, opiniões e conceitos. Mas, como qualquer especialista em vendas lhe dirá, as pessoas compram pessoas. O modo como você se apresenta vai ajudar – ou interferir – nesse processo.

Goste ou não, as pessoas vão julgá-lo por sua aparência.

1.4

Vamos, imponha-se!

Ser líder não significa ser um chefe autoritário, mas saber lidar com situações difíceis de maneira imparcial e habilidosa. A agressividade pode produzir resultados rápidos, mas logo a pessoa perde o respeito e a lealdade. Fazer valer as ideias é diferente. É conseguir que o seu argumento vença, mantendo as pessoas do seu lado. Seja categórico, mas justo.

- **Você vai enfrentar conflitos.** Conflitos fazem parte do trabalho de um gestor. Mesmo assim, você pode falar o que quiser e manter o respeito que as pessoas têm por você. É só demonstrar respeito pelos outros.
- **Existe uma enorme diferença entre gestores agressivos e gestores assertivos.** Os gestores agressivos conseguem seu objetivo, porém ignoram os direitos e os sentimentos dos indivíduos com quem estão tratando. Estes, então, se ofendem, ficam ressentidos. Pior: podem demonstrar esse ressentimento sabotando o trabalho ou

---

Estudo de caso – Dois colegas, Dev e Suki, discutiram e acabaram não se falando mais. Separadamente, ambos se queixaram à gerente, pedindo que interferisse no caso. Infelizmente, ela decidiu que ambos eram "adultos" e tinham que resolver a situação entre si. Ocorreu que, nos meses

> **"Aquele que domina os outros é forte. Quem domina a si mesmo é poderoso."**
> **Lao Tsé, filósofo taoísta da antiga China**

não cooperando. Um líder assertivo consegue os objetivos desejados, ciente de que está respeitando os direitos daqueles com quem dialoga.

Veja, eu posso discordar de alguém e dizer: "Você não sabe do que está falando". Observe como isso não somente transmite um julgamento a respeito da mensagem, mas também a respeito da pessoa. Seria muito melhor se eu dissesse: "Gostaria de conversar mais um pouco sobre os pontos de que discordamos". Nesse momento, eu me concentro nos fatos, e não na pessoa. Por isso os líderes assertivos são mais fortes. Eles precisam chegar ao ponto, mas se certificam de que não vão criar inimigos para conseguir seu objetivo.

Tratar de maneira positiva os conflitos é uma habilidade importante que todo líder bem-sucedido precisa dominar.

seguintes, a situação piorou, e o resultado foi que Dev e Suki acabaram deixando a empresa, e dois outros colegas, cansados do clima ruim dentro da companhia, também saíram. Como a líder teve medo de lidar adequadamente com o problema, as coisas só pioraram.

1.5

Arranje tempo para administrar

Antes, as pessoas costumavam se preocupar em manter a mesa de trabalho bem arrumada. Hoje, elas também se preocupam em manter o computador em ordem. E há ainda as interrupções do trabalho, o telefone que não para de tocar, as reuniões...

Para livrar-se desses "ladrões de tempo", siga estas nove dicas.

1. Seja claro quanto aos seus objetivos. Faça o exercício proposto no "Minuto de reflexão": produz ótimos resultados.

2. Planeje o seu trabalho. Redija as suas metas e, para cada uma delas, crie subtarefas. Determine data de início e fim para cada tarefa.

3. Assuma compromissos com suas tarefas. Se a elaboração de um relatório deve consumir duas horas, então respeite esse tempo como se fosse um compromisso com alguém de verdade.

4. Realize seu trabalho o quanto antes possível. Se for uma tarefa desagradável, dê-lhe prioridade.

5. Seja implacável com o tempo, mas gentil com as pessoas. Mas não estique a conversa, nem pessoalmente nem por telefone, com alguém. Lembre-se de que também está roubando o tempo do outro!

> **Minuto de reflexão** – Anote o seu objetivo. Em seguida relacione as cinco atividades que o ajudarão a atingi-lo. Classifique cada atividade, de 1 a 5, de acordo com sua satisfação durante o tempo que vai levar para executá-la (1 = baixa, 5 = alta). Então, inclua em sua agenda as atividades classificadas como de baixa satisfação.

6. Acesse seu e-mail três vezes por dia. Faça-o logo cedo, no meio da manhã e depois no meio da tarde. Desligue o sinal que alerta sobre a chegada de novas mensagens.

7. Saiba lidar com as interrupções. Pergunte à pessoa que o interrompeu se o assunto é urgente ou se pode ser tratado mais tarde. Se for interrompido quando estiver em sua mesa, fique de pé, de modo a manter a outra pessoa concentrada no que deseja.

8. Examine uma vez por dia a sua lista de assuntos pendentes. Analise cada um deles e encontre uma solução, delegue-os para outra pessoa, arquive-os ou descarte-os, caso já tenham sido resolvidos.

9. Planeje suas ligações. Defina as necessárias e faça suas chamadas em bloco; será mais rápido, e o trabalho fica mais direcionado.

A pior coisa para um gestor é sentir que não dá conta da excessiva carga de trabalho. Com esses nove conselhos, você vai manter o domínio da situação e voltar para casa no fim do dia sentindo que está tudo sob controle.

Administrando bem os seus horários, você pode dedicar mais tempo a seus subordinados.

Capítulo 2
Delegue poderes ao grupo

Chegou o momento de pensar em seus comandados. Este capítulo vai, portanto, levá-lo a refletir sobre sua interação com as pessoas no dia a dia. Atenção personalizada, ou *coaching*, e treinamento são importantes em uma gestão. Manter a equipe motivada também é crucial. Neste capítulo, revelamos ainda segredos para lidar com situações delicadas que, se mal conduzidas, podem resultar em comportamento medíocre dos funcionários.

2.1

Lidere com estilo

Cada membro da sua equipe é diferente. Um pode ter mais habilidade, outro pode ter mais atitude. Alguns levam adiante as tarefas sem que seja preciso insistir; outros, você terá que acompanhar mais de perto. Como cada pessoa é um indivíduo, você terá que tratar cada uma individualmente.

O enfoque administrativo que oferecemos foi adaptado do modelo sugerido por Ken Blanchard e Paul Hersey em *The Situational Leader*. Se você está se iniciando na carreira de gestor, esse é um excelente ponto de partida. A obra desses autores aparece na seção "Bibliografia adicional" deste livro.

A questão é: o que meus funcionários precisam de mim? Eles necessitam de orientação e de apoio. Às vezes, ofereço ambos, outras vezes somente orientação ou apoio, ou nenhum dos dois.

E o que vai me ajudar a decidir?

■ **Avalie a confiança pessoal.** Primeiramente preciso avaliar a confiança que existe para resolver determinada situação. Se for baixa, tenho que pensar na melhor maneira para auxiliá-los a desenvolver sua autoconfiança.

■ **Avalie a capacidade pessoal.** Até que ponto seus subordinados são competentes em uma determinada situação? Eles possuem as habilidades necessárias? Devo pensar em um treinamento ou dar conselhos?

> **Minuto de reflexão** – Até que ponto o seu estilo de liderança muda de funcionário para funcionário? Qual o nível de orientação e apoio que você tem oferecido a cada um deles? Atendem às diferentes necessidades de cada um? Algum dia você adotou um comportamento equivocado ao responder a um subordinado?

E se, além de não terem autoconfiança, alguns também não são competentes? Nesse caso, preciso adotar um estilo de liderança que forneça uma direção clara, mas que, ao mesmo tempo, seja cooperativa e encorajadora. Uma pessoa recém-promovida, com frequência, necessita desse apoio. Claro que, à medida que a competência deles aumenta, também cresce a confiança.

Há casos em que os funcionários são confiantes, mas cometeram erros. Quando isso acontece, eles precisam de orientação. Talvez um *coaching* ou atendimento personalizado. Colabore com eles de modo a descobrirem onde erraram. Há também aquelas pessoas cujo desempenho é excelente, mas não acreditam no que fazem. O que elas necessitam é de apoio. Assim, procure destacar o ótimo trabalho que estão realizando.

Naturalmente há ocasiões em que devemos utilizar quatro enfoques diferentes para a mesma pessoa. Esta é a habilidade: enxergar a situação claramente e decidir o comportamento gerencial correto.

E um indivíduo competente e ambicioso, de que necessita? Na verdade, não muito, mas sempre arranje tempo para mostrar como aprecia sua atitude. Essas pessoas não necessitam mais de autoconfiança nem orientação – provavelmente precisam de uma promoção!

Seu estilo de administrar deve corresponder à capacidade e autoconfiança de cada indivíduo.

2.2

Saiba o que motiva

Uma equipe motivada encara os obstáculos como etapas as serem superadas. Para um time desmotivado, os mesmos obstáculos são uma prova da inutilidade dos seus esforços. Eis aqui minhas cinco dicas para deixar seus subordinados realmente entusiasmados.

1. Reconheça e elogie todas as conquistas. Identifique quem faz as coisas certas. Elogie-os imediatamente e deixe claro por que aquilo é importante.

2. Transforme o trabalho em um desafio. Pessoas muito solicitadas ficam muito mais motivadas do que aquelas que são subutilizadas. Afaste seus funcionários da chamada zona de conforto, em que as pessoas se acomodam a uma rotina.

3. Torne o trabalho interessante. Um trabalho diferente é sempre sugestivo para qualquer pessoa. O segredo é saber que tipo de tarefa é interessante para cada indivíduo da equipe.

4. Crie oportunidades para as pessoas evoluírem. Seus subordinados continuam executando as mesmas tarefas que faziam nesta mesma época, no ano passado? Então, não devem estar desenvolvendo novas habilidades.

*"*Pessoas excelentes transmitem o sentimento de que você também pode ser excelente.*"*

Mark Twain, escritor americano

5. Estimule a responsabilidade e o empreendedorismo. Quando sou responsável, e assumo uma tarefa como sendo minha, sinto-me mais incentivado a fazer um trabalho de alto nível. Assim, sempre que possível, delegue tarefas completas para a equipe. Leia nossas sete dicas sobre delegação de tarefas (no subcapítulo 2.6).

Um bom líder sabe que ocorrem situações que deixam as pessoas completamente desinteressadas e sem entusiasmo. Mas nem sempre seu subordinado vai lhe dizer o motivo. Você terá que descobrir. Faça perguntas do tipo: "Qual o fator principal que o impede de atingir nossas metas?". Aposto que a grande causa da desmotivação surgirá.

Algumas causas podem ser resolvidas, outras não. Seja criativo, procure ver a situação do ponto de vista do funcionário. Vocês devem atacar o problema juntos. Às vezes, o simples ato de ouvir o funcionário já é suficiente para o entusiasmo dele voltar.

Influenciar a motivação exige tempo e sensibilidade, mas a contribuição que isso oferece chega a ser inacreditável.

2.3

Treinar é uma chance de crescer

Certa vez alguém observou: "Todos questionam os custos do treinamento. Mas alguém já pensou nos custos gerados pela falta de treinamento?". Ninguém é bom em tudo. Por isso, um gestor deve arranjar tempo para treinar seus subordinados. Mas você precisa ser sistemático na maneira como oferece o treinamento, mesmo quando for dirigido a um único indivíduo.

Prepare-se sempre para uma sessão de treinamento. Defina os objetivos do exercício em uma única sentença. Por exemplo: "No final desta sessão, você deve conseguir localizar um determinado arquivo num servidor em um minuto".

Percebeu a medida? Isso é fundamental se você pretende despertar o sentimento de conquista.

Em seguida, decida exatamente como vai estruturar a sessão. Não ignore esse aspecto, pois treinadores eficazes sabem que o tempo gasto nisso aumenta o sucesso do trabalho. Pense em detalhes como a necessidade de equipamentos e qual seria o melhor lugar para o treinamento, por exemplo.

No dia da sessão, procure seguir as etapas seguintes.

■ **Esclareça para a(s) pessoa(s) a ser(em) treinada(s) o que deve(m) aprender.** Explique qual o objetivo a ser alcançado na sessão.

> *"Que trabalho é mais nobre [...] do que o do homem que instrui a nova geração?"*
>
> **Marco Túlio Cícero, filósofo da Roma antiga**

- **Faça uma demonstração da técnica a ser aprendida.** Deixe que observe(m) o exercício integralmente. Em seguida, repita o processo lentamente. Explique o que está fazendo e por que é importante.
- **Façam o exercício juntos.** O que nem sempre é possível. Mas, se puder, essa é uma excelente maneira de transmitir conhecimento.
- **Peça que faça(m) o exercício individualmente.** Sugira também que se manifeste(m) durante o processo. Fique atento ao que lhe é informado – e ao que foi omitido!
- **Dê um retorno prático.** Dirija esse *feedback* para a técnica e não para o(s) indivíduo(s) que estão sendo treinados. Procure elogiá-lo(s) e encorajá-lo(s) durante todo o processo.
- **Faça um acompanhamento pós-treinamento.** Ao observar que seus subordinados usam a técnica aprendida, estimule-os e continue dando *feedback*. Especialmente no caso de tarefas mais importantes e meticulosas.

É claro que nem sempre o *feedback* é necessário. Às vezes, basta perguntar: "O que você acha que aconteceu?", ou então: "O que você precisa mudar?", e terá as respostas que deseja. Uma pergunta bem-feita pode levar a uma discussão sobre determinada habilidade. E, quanto mais o funcionário submetido a um treinamento debater o assunto, e refletir a respeito, mais assimilará a técnica.

O treinamento gera uma boa relação de trabalho e demonstra o seu compromisso com a equipe.

2.4

Ofereça atendimento personalizado

Ter responsabilidade e empreendedorismo – se cada membro da equipe demonstrar essas duas qualidades, será muito fácil comandar! Uma forma de estimular positivamente essas qualidades é o *coaching*, ou atendimento personalizado.

Não confunda *coaching* com treinamento. Treinar tem a ver com a transmissão de conhecimento. O *coaching* amplia o conhecimento com questões que estimulam o funcionário a refletir mais a fundo e solucionar um problema baseado em sua própria experiência. Uma excelente técnica de *coaching* é o GROW – sigla formada pelas letras iniciais dos termos *goal*, ou objetivo; realidade; opções; e *will*, que significa vontade – cujo precursor foi John Whitmore, em seu livro "Coaching para Performance".

"Quando quero fazer, meu desempenho é melhor do que quando tenho que fazer."
John Whitmore, piloto de corridas e *coach*

Estudo de caso – Pierre era um vendedor excepcional. No entanto, teve problemas ao ser escalado para dar *coaching* a outros vendedores. Ficava impaciente quando tinha que esperar algum tempo para os colegas responderem às suas questões – eles não eram tão rápidos. No

- **Objetivo.** Qual objetivo o *coachee*, ou a pessoa que recebe atendimento personalizado, deve atingir? É de longo ou curto prazo? Você vai compartilhar essa meta com ele?
- **Realidade.** O que está acontecendo agora? Até onde o *coachee* está ciente dos comportamentos que adota em um determinado momento? Quais são as razões subjacentes desse comportamento?
- **Opções.** Quais podem ser as condutas alternativas possíveis para o *coachee*? Quais são os méritos – e as desvantagens – de cada uma delas?
- **Vontade (ou como progredir).** Qual alternativa você escolheu e como vai alcançá-la? Que obstáculos precisam ser superados? De que tipo de ajuda você vai precisar?

Coaching significa fazer perguntas de maneira estruturada e perspicaz. Por exemplo, na etapa "Realidade", você pode perguntar ao funcionário o que está ocorrendo, por que ele acha que isso está acontecendo ou, ainda, qual o efeito sobre o trabalho dele.

Essas questões requerem que o *coachee* analise a situação e traga suas próprias soluções. Afinal, todos preferimos resolver as coisas à nossa maneira!

Coaching é um instrumento poderoso para incutir responsabilidade em seus subordinados.

final, acabava antecipando as respostas que desejava ouvir. Chegou mesmo ao ponto de fazer perguntas que as pessoas apenas respondiam com um sim ou não. Indivíduos com excelente desempenho nem sempre se revelam bons *coaches*.

2.5

Fique atento ao retorno da informação

A pergunta "Como estou agindo?" é muito importante. As pessoas querem um retorno, mas esperam que seja dado de modo cortês e eficaz.

Às vezes, fornecemos um *feedback* positivo quando dizemos: "Apreciei muito o que você fez, continue assim!". Outras vezes, esse tipo de estímulo vai tornar o indivíduo ainda melhor no que faz. Por exemplo, quando afirmo: "Gosto do seu trabalho, mas algumas modificações aqui realmente ajudariam". Naturalmente, é essa modalidade de apoio que ajuda a pessoa a progredir e que muitos gestores têm dificuldade para compreender.

Se o objetivo é dar retorno para melhorar o desempenho de um subordinado, então siga este roteiro em seis etapas.

1. Esclareça o porquê da sua conduta: "Observei que você ainda não começou a preparar a sua apresentação".

2. Reitere como você entendeu o assunto: "Creio que combinamos que você teria um plano pronto hoje".

3. Torne a falar dos benefícios gerados por ações previamente acertadas: "Você se lembra de que combinamos como isso ajudaria a decidir o tempo que vamos ter para cada área?"

> **Minuto de reflexão** – Com que frequência você busca *feedback* das pessoas com quem trabalha? Quão acurado ele é? Foi bem fornecido? Qual a sua receptividade para desenvolver um *feedback* que o ajude a crescer?

4. Exponha a sua preocupação: "Eu me preocupo porque você pode se atrasar e ficar com trabalho acumulado antes da apresentação".

5. Peça ao funcionário que confirme o que você disse: "Quando discutimos esse ponto da última vez, o que você entendeu?"

6. Conclua a conversa de modo positivo: "Veja, esta é a sua grande oportunidade de mostrar para a equipe sênior como o seu projeto é excelente".

Você precisa fornecer *feedback* o mais próximo possível do evento. Chamo isso de "retorno adicional". Há momentos perfeitos para um *feedback*, e há outros em que o prazo de validade expirou. Às vezes, também é necessário avaliar como será a receptividade do funcionário. Se a apresentação dele foi um desastre, talvez seja preferível aguardar até que ele se torne mais receptivo para receber o retorno.

Um último ponto: o *feedback* tem que ser específico. Converse sobre comportamentos que podem ser mudados. E nunca utilize um retorno como desculpa para um ataque pessoal.

Um *feedback* bem oferecido elimina os pontos fracos no desempenho dos funcionários e faz crescer a motivação.

2.6

Compartilhe sua carga de trabalho

Você não pode se encarregar de tudo. Quando possível, deve compartilhar o trabalho. Isso não somente alivia um pouco da pressão sobre você, como a equipe vai apreciar as novas responsabilidades que lhe estão sendo passadas. Mostre que confia em seus subordinados seguindo estas dicas para delegar tarefas.

1. Reflita com cuidado quanto a quem delegar. Não sobrecarregue os melhores. Certifique-se de que a pessoa tem competência para fazer o trabalho que lhe é solicitado.

2. Reúna-se imediatamente com as pessoas selecionadas. Elas vão precisar de mais tempo do que você para realizar o trabalho. Talvez uma semana para concluir o que você faz em um dia.

3. Reserve um tempo para discutir a tarefa. O funcionário pode não compreender rapidamente o assunto. Dedique tempo necessário para deixar as coisas claras.

Minuto de reflexão – Lembre-se da última vez em que o seu chefe lhe delegou uma tarefa. Qual a lição que você pode tirar daí? Como mudará a maneira de delegar trabalho para seus subordinados?

4. Seja claro quanto ao resultado final. Se você quer um relatório de apenas uma página, esclareça bem esse ponto. Seja preciso quanto ao que está solicitando.

5. Combinem com que frequência você vai ser informado sobre o andamento do trabalho. Lembre-se de que uma pessoa inexperiente precisará se reportar a você mais vezes do que alguém que já realizou a tarefa anteriormente.

6. Peça ao funcionário para resumir o que lhe foi solicitado. É um teste excelente para saber se ele compreendeu bem o que deve ser feito.

7. Deixe que ele toque o trabalho. Não fique "em cima". Manter controle constante mostra que você não confia na pessoa. Respeite o combinado quanto à frequência com que será feita a prestação de contas.

O importante dessas dicas é que elas o ajudam a prever as próximas tarefas. Maus gestores não planejam a delegação de tarefas, os resultados são em geral decepcionantes, e eles perdem o estímulo para delegar sua responsabilidade novamente. O tempo investido no planejamento, quando delegar uma tarefa, será recompensado. E, melhor ainda, você terá mais tempo para se dedicar às coisas que lhe interessam.

A delegação de tarefas é uma das ferramentas mais poderosas para o desenvolvimento de uma equipe.

2.7

Desempenho integrado faz vencedores

O seu sucesso ou fracasso dependem da capacidade de seus subordinados para terem um desempenho de alto nível. Imagine que você é o maestro de uma orquestra. A maneira como conduz essa orquestra é que faz toda a diferença. O desempenho que você obtém soa como música aos seus ouvidos?

Quando comanda pessoas, você tem que ser claro quanto ao que considera um excelente desempenho – e deve estabelecer objetivos em termos de quantidade ou qualidade, ou ambos. Para isso, responda a estas questões.

1. Qual é a sua meta? Quais são os objetivos que definiu com seu superior? Que medidas vão informá-lo se foi ou não bem-sucedido?

2. O que é preciso fazer para atingir a meta? Quais atividades são necessárias para garantir que a equipe atinja a meta?

> **Minuto de reflexão** – Até onde os funcionários sentem-se responsáveis pelo cumprimento das metas estabelecidas? Eles conseguem transmiti-las a você? São claros ao explicar quais são elas, como as avaliam e em que período de tempo devem ser alcançadas? Se não conseguem passar essas informações, como você pode ter confiança em que estão trabalhando eficazmente?

3. Como você vai avaliar o progresso na direção dessa meta? Que sistemas você precisa desenvolver para averiguar como a equipe está se saindo no processo? Relatórios? Reuniões de *feedback*? Apresentações?

4. Como resolver os problemas que surgirem? E se um funcionário importante adoecer? Ou surgirem outras prioridades? Seja previdente. Troque ideias com a equipe sobre eventuais problemas e soluções.

Administradores que comandam uma atuação equivocada com frequência cometem dois erros. Em primeiro lugar, não são suficientemente claros quanto ao que esperam de cada indivíduo, além de não ajudarem quando seus comandados têm dificuldade para desempenhar uma tarefa no nível exigido.

Os bons gestores estão focados no que é importante para seus funcionários, e isso, com frequência, leva o subordinado a se preocupar com o que é importante para o seu gestor. Bons gestores criam uma cultura de abertura e honestidade; se os funcionários têm más notícias a dar sobre o desempenho, o gestor precisa saber. Não vai gostar de ser avisado do problema pelo chefe dele!

Bons gestores cumprem sistematicamente suas metas.

2.8

Realce o lado positivo em suas avaliações

Uma avaliação bem-feita pode trazer uma onda de energia para o funcionário, incentivá-lo a atingir seus objetivos, motivá-lo para assumir novos desafios. O fato é que nem toda avaliação é assim, mas poderia ser se os líderes seguissem estas oito dicas de avaliação.

1. Preparação é tudo. Reúna as evidências do que foi realizado. E também dos pontos em que o avaliado não teve o desempenho esperado. Converse com colegas e clientes. Faça anotações sobre o desempenho do funcionário no período entre as avaliações e consulte-as antes do grande dia.

2. Peça ao funcionário que se prepare. Ele também deve trazer suas próprias evidências para comprovar o que realizou e o que o frustrou. Dê-lhe pelo menos uma semana para se preparar.

3. Inicie a avaliação reconhecendo a contribuição dele para o trabalho. Esse início positivo é que dá o tom. Afirme que essa é uma oportunidade para ambos estabelecerem um plano de desenvolvimento.

4. Reveja os objetivos do ano anterior. Faça um resumo do que foi e do que não foi alcançado. Quais os pontos culminantes? O que não foi conseguido? O que ficou no meio do caminho?

5. Preveja os desafios do próximo período de avaliação. Quais serão as metas da empresa? Como essa avaliação contribuirá para que sejam alcançadas? Que planos devem elaborar em conjunto?

6. Reexamine os treinamentos. Foram úteis? O que foi colocado em prática? Que tipo de treinamento será necessário para enfrentar os próximos desafios?

7. Estabeleça de comum acordo os objetivos e etapas importantes. Peça ao funcionário que resuma o que foi discutido. Quais serão os primeiros desafios? E os primeiros obstáculos a serem superados?

8. Conclua a avaliação de modo positivo. Esclareça ao avaliado o que deve ocorrer, em seguida, com a documentação. Diga o quanto gostou do que foi apresentado. E depois agradeça sinceramente o grande empenho dele no trabalho.

O que evitar? Nunca se refira apenas aos eventos recentes. É preciso considerar o período todo da avaliação. Seja sempre justo – às vezes, isso é mais fácil no caso daqueles funcionários que apreciamos mais. E lembre-se de insistir para que o avaliado se manifeste na maior parte do tempo. A autoavaliação pode ser bastante eficaz.

Inicie suas avaliações com um tom positivo, abordando os sucessos do funcionário.

2.9

Longe dos olhos não significa perto do coração

Há dias em que um funcionário está realmente mal fisicamente e precisa ficar em casa. Mas há casos em que alguns simplesmente não estão com vontade de ir trabalhar. Como você pode deixar clara a diferença? Às vezes, nem sabe como. Mas garanto que conseguirá diminuir o absenteísmo se seguir estas etapas.

1. Registre todas as ausências. Mantenha também uma tabela de comparecimentos. Afinal, você deve fazer o registro de tudo. Então, por que não um registro de comparecimento ao trabalho de cada funcionário?

2. Calcule o tempo perdido com essas ausências. Anote o número total de faltas (em horas ou dias) e multiplique por 100. Divida o resultado pelo número de horas ou dias úteis e terá a taxa de tempo perdido.

Minuto de reflexão – Como foi o seu comportamento quando o funcionário retornou ao trabalho? Foi imparcial? Ouviu com atenção as razões que ele ofereceu para se ausentar? Ele teve facilidade em se explicar?

3. Analise o número de ausências. Existe alguma área de trabalho registrando um alto nível de absenteísmo? Há alguma razão para isso? Será a carga de trabalho? Ou as condições de trabalho, talvez? Quem sabe o setor tem um gerente agressivo?

4. Estabeleça uma política para faltas. Se a sua organização não a tiver, crie-a você mesmo (lembre-se sempre da legislação trabalhista). Os empregados estarão, assim, cientes do que você exigirá deles quando se ausentarem.

5. Conduza uma rápida "entrevista de retorno ao trabalho". Qual foi o motivo da falta? Foi justificada? Há dúvidas que precisam ser levantadas?

E quando se trata de uma longa ausência ao trabalho? Bem, nesse caso é preciso ser cuidadoso. Telefonar diariamente ao funcionário em casa pode parecer pressão para ele retornar, o que não é aceito em muitos países. Mas há outras alternativas válidas: estabelecer um contato regular com o empregado, perguntar sobre a sua saúde, mantê--lo atualizado sobre o desenvolvimento do trabalho para que se sinta envolvido na equipe. Finalmente, se a ausência for muito prolongada, procure sondar outros setores dentro da organização onde faltas por incapacidade física podem não ser um grande problema.

Em 2008, inúmeras organizações (como parte de um estudo) introduziram os procedimentos descritos anteriormente. Em 2009, muitas relataram redução do absenteísmo entre 10,2% e 43,4%.

A ausência pode ser devida a outros problemas além de doenças.

2.10

Use a disciplina discretamente

Poucos gestores sentem-se à vontade quando precisam usar de disciplina. Mas lidar com comportamentos ou desempenhos que não atendem aos critérios faz parte do seu trabalho. Portanto, crie coragem e seja positivo na maneira como aborda essa questão.

Onde quer que esteja, você tem diretrizes ou regras para resolver o problema do fraco desempenho dos funcionários. Em geral, é uma combinação de normas da companhia e leis trabalhistas.

Você pode ser tentado a achar que a solução mais fácil é livrar-se do funcionário, mas será essa a melhor opção? Pessoas com mau desempenho no trabalho geralmente têm outras deficiências: ou carecem de habilidades ou não têm uma atitude correta. Antes de agir, examine esse aspecto. Convoque o funcionário para uma conversa em particular.

Minuto de reflexão – Pense nos possíveis resultados de não resolver os problemas de disciplina. Os funcionários vão gostar mais de você? Vão lhe agradecer por não lidar com os problemas das pessoas? Se não atacar o assunto, as coisas vão melhorar ou piorar?

"A cultura da disciplina não é um princípio de negócios, é um princípio de grandiosidade."

Jim Collins, consultor de empresas americano

Siga estes três pontos para conseguir que as pessoas voltem a mostrar um ótimo desempenho.

1. Concordem que existe uma defasagem. O que você espera do funcionário e o que ele está oferecendo? Ele está consciente disso?

2. Concordem quanto às razões dessa defasagem. O que provocou determinado comportamento? Qual o motivo?

3. Concordem como ambos vão solucionar o problema. Quais medidas os dois prometem adotar, e qual será o cronograma? Quando vão se reunir novamente para avaliar o seu progresso?

Antes do encontro, decida sobre os pontos que você e o funcionário pretendem abordar. Tenha exemplos prontos de quanto ocorreu a falha. Reflita cuidadosamente sobre como você e ele reagirão. Se você é novo na função, arranje um amigo para ajudá-lo a representar o seu papel.

Não tratar dos problemas funcionais em tempo hábil sempre gera problemas maiores no futuro.

Capitulo 3

Faça as coisas acontecerem

Neste capítulo, nossa proposta para o administrador é que defina claramente as tarefas para a equipe, estabeleça os *marcos*, que são as principais etapas de um trabalho, e monitore com habilidade o progresso no cumprimento dessas etapas. É assim que impomos ordem e controle, e reduzimos a possibilidade de estresse, não só nosso, mas também das pessoas às quais nos reportamos. Se há um tema que se adapta perfeitamente a este capítulo, seu nome é preparação.

3.1

Tome decisões definitivas

Liderar sempre implica tomar decisões difíceis. Acredite: você terá que ser sistemático e perspicaz nas perguntas que fizer a si mesmo. O método que proponho a seguir vai ajudá-lo a chegar a ótimas deliberações.

- **Qual decisão deve ser tomada e qual é a sua finalidade?** Defina claramente a decisão que precisa tomar. Quais serão seus efeitos? Qual é o objetivo que pretende atingir?
- **Quais os fatos que cercam essa decisão?** Verifique quais informações você já tem em mãos e o que pode concluir, pois, às vezes, nem todos os fatos estão disponíveis.
- **Que alternativas poderiam ser adotadas?** Quais são os pontos positivos e negativos de cada decisão? É possível estabelecer uma graduação de importância? Como se pode avaliar o impacto de cada alternativa possível?

Estudo de caso – Quando iniciei a carreira de gestor, recebi um ótimo conselho da minha gerente: "Lembre-se de que a sua equipe sempre vai adorar uma boa decisão. Vai desculpá-lo se ela for ruim, mas jamais o perdoará por não decidir nada". Ela estava certa. Remontando à minha carreira, todas as vezes em que vi minha equipe mais con-

"Sabemos o que sucede com pessoas que ficam no meio do caminho: são atropeladas."

Aneurin Bevan, político do País de Gales

■ **Como implementar uma decisão?** Quem deve ser informado a respeito?

Fazer um *brainstorming* com outras pessoas sempre produz ideias que não surgem quando um gestor tenta resolver o problema sozinho. Consultar-se com alguém também é uma opção. Procure um colega que passou pela mesma situação. Ele poderá lhe dar aquela informação de que você precisa.

Decidir exige lógica, calma e razão, e não emoção.

trariada foi quando não lhe ofereci nada. "Conversamos mais tarde" é um tipo de frase que frustra o funcionário. Se você precisa adiar uma decisão, certifique-se de que esse adiamento é legítimo. Com muita frequência, é uma tática para não se tomar uma decisão e esperar que as pessoas esqueçam o assunto.

3.2

Planeje muito bem os projetos

Vamos ser francos: projetos exigem uma excelente capacidade de planejamento. E no planejamento há três fatores críticos: tempo, custo e qualidade. Naturalmente, no centro de tudo estão as pessoas. Você não vai querer desperdiçar o tempo delas, nem que elas desperdicem o seu.

Quando ministro oficinas sobre gerenciamento de projetos, dedico a maior parte do tempo à definição de um projeto e à capacidade de planejamento. Sei que o tempo gasto na definição e no planejamento de um projeto será altamente recompensado quando ele for implementado.

Um projeto tem data de início e de fim. E há uma série de ações que ajudam a atingir um objetivo específico. A pessoa com quem foi acertado o objetivo é o seu patrocinador. E vocês chegaram a um acordo quanto a um resultado específico, prazos e os recursos necessários.

"Uma pessoa que não pensa nem planeja mais adiante vai ter problemas já ao sair de casa."
Confúcio, filósofo da China antiga

As quatro etapas fundamentais de um projeto são estas:

1. Definição. Qual o resultado que o projeto deve alcançar? É importante certificar-se de que isso foi exatamente definido e combinado. Redija um documento esclarecendo o que o projeto deve produzir e com quais recursos.

2. Planejamento. Como alcançar o resultado previsto? Trace um plano com as principais etapas do projeto. Em seguida, faça um detalhamento delas. Isso o ajudará a calcular o tempo e os recursos necessários.

3. Implementação. Como o projeto está se encaminhando? O quão preciso foi o seu planejamento? As estimativas foram corretas? Quais problemas imprevistos precisam ser solucionados? As expectativas do patrocinador estão sendo atendidas?

4. Conclusão. O projeto foi bem-sucedido quanto aos resultados desejados? Até que ponto foi bem implementado? Ainda existe algum trabalho pendente? O patrocinador mudou o objetivo no decorrer do projeto? O que você aprendeu e poderá aplicar em projetos futuros?

Muitos acreditam que um projeto depende em 70% das habilidades dos indivíduos envolvidos nele. Em várias seções deste livro, você encontrará muita ajuda a respeito disso. Um excelente gerente de projeto é enérgico, persuasivo, exigente, acessível, motivador, compreensivo, atento aos detalhes, confiante, provocador... A lista é longa! É por isso que bons gerentes de projeto são tão raros.

Gerentes de projeto bem-sucedidos aplicam o máximo de tempo possível na definição e no planejamento da empreitada.

3.3

Evite objetivos vagos

Se cometer erros nessa área, será muito difícil comandar sua equipe. A capacidade de estabelecer objetivos claros é uma das habilidades mais importantes que um gestor precisa dominar. Isso induz as pessoas a se concentrarem em realizar as coisas certas. Atingir o objetivo gera autoconfiança e traz foco para tudo o que você e os integrantes de sua equipe fazem.

Para atingir grandes objetivos é preciso seguir uma série de critérios, cujas iniciais formam a sigla em inglês conhecida como SMARTER, que significa *mais inteligente*. Assim, um objetivo deve ser assim:

- **Específico (*Specific*).** Deve ser aplicado a uma área específica do trabalho. Se for muito vago, o funcionário pode considerá-lo difícil de ser atingido.
- **Mensurável (*Measurable*)**. É importante que as pessoas tenham uma ideia clara do sucesso que será obtido. Muitas medidas geralmente estão relacionadas à qualidade, quantidade ou precisão.
- **Consensual (*Agreed*).** É fundamental que o funcionário "assine embaixo", comprometendo-se a alcançar essa meta. Ele a assume como se fosse sua.
- **Realista (*Realistic*).** Não queira impor um objetivo que possa levar um funcionário ao fracasso. Sim, o projeto exigirá muito dele, mas não deve ser impossível de ser alcançado.

> **Minuto de reflexão** – Tente se lembrar da última vez em que estabeleceu um objetivo para um funcionário. O quão mensurável era? Você determinou um prazo para o cumprimento da meta? Foi específico o suficiente para ele saber exatamente onde concentrar sua atenção?

- **Delimitado no tempo (*Time-bound*).** Quando o objetivo tem que estar cumprido? Estabelecer um prazo claro demanda que o funcionário faça um planejamento para cumprir a tarefa.
- **Estimulante (*Extending*).** As pessoas precisam ser incentivadas a crescer. Assim, o objetivo deve inspirá-las a melhorar seu desempenho para atingir a meta desafiadora.
- **Documentado (*Recorded*).** É importante colocar por escrito quais são os objetivos acordados. Gestor e funcionário sempre terão os objetivos originais para consultar.

Ao redigir os objetivos, utilize verbos dinâmicos, que denotam ação, como "apresentar", "vender", "redigir" etc. Todos esses verbos são fáceis de serem ligados a uma medida. Evite verbos vagos como "compreender".

Então, se vamos redigir um objetivo, tem que ser combinado o seguinte: "No final de janeiro, você deve inserir os detalhes dos contatos dos novos clientes no banco de dados de vendas, com o máximo de três exemplos de entrada de dados incorretos". Esse objetivo inclui uma tarefa específica (inserção de dados), tem uma data determinada para sua conclusão (fim de janeiro) e uma medida de qualidade (três erros).

Objetivos bem redigidos concentram a atenção do subordinado, e a sua autoestima aumenta quando ele os atinge.

3.4

Defina as etapas importantes

Vários integrantes da equipe podem não ser muito realistas quanto ao tempo que o trabalho pode levar. Alguns estipulam prazos com exagerado otimismo. Uma tarefa extremamente importante de um líder é orientá-los no sentido de estabelecerem prazos sensatos. Estabelecer um cronograma e demarcar as etapas importantes do trabalho podem ser muito úteis.

- **Cronograma.** É a sequência dos eventos, geralmente em ordem cronológica. Costuma ser mostrado como uma linha contínua (traçada da esquerda para a direita), com pontos importantes ao longo dela.

> **Estudo de caso** – Quando eu era um gestor ainda jovem e muito atarefado, a equipe sênior me pediu que criasse um banco de dados, reunindo as informações dos clientes, que estavam em sistemas separados. Solicitei que Paul realizasse a tarefa, já que era muito bom em tecnologia. Concordamos que ele entregaria o trabalho em uma data determinada e, como eu

■ **Etapas importantes, ou *marcos*.** São metas demarcadas na linha de tempo, e que precisam ser cumpridas de acordo com o planejado. Cada etapa significa a conclusão de uma fase importante do trabalho. São excelentes porque indicam o progresso que está sendo obtido. Se você pedir aos seus subordinados que façam uma estimativa de tempo para a realização de um trabalho extenso, com um cronograma e a demarcação das etapas importantes, estará induzindo-os a pensarem nos detalhes.

Posso dizer para alguém: "Anna, gostaria que você organizasse a conferência desse ano. Eu quero uma estimativa de quanto tempo você levará para concluir essa tarefa. Também preciso de um diagrama de como você a realizará e cada fase dela. Por favor, mostre quanto tempo você acha que cada fase levará e previsão de data para a finalização."

Enquanto Anna realiza a tarefa, saberei como está o andamento, pois posso monitorar seu progresso a cada marco. Marcos funcionam como um sistema de alerta. Se começarem a não serem finalizados dentro do programa, podemos agir rapidamente para que o trabalho volte ao roteiro esperado.

Marcos são indicadores determinantes do progresso da execução de uma tarefa.

andava muito ocupado, deixei-o cuidando do trabalho. "Como estão as coisas?", eu lhe perguntava regularmente. "Ótimas", ele me tranquilizava. Depois de algumas semanas, descobri que Paul estava tendo dificuldades, e o trabalho estava bastante atrasado. A partir desse dia, todas as tarefas passaram a ter um cronograma com cada uma das etapas assinaladas.

3.5

Monitore o trabalho de modo eficaz

Você conhece a definição popular quanto à diferença entre "eficiente" e "eficaz"? Ser eficiente é fazer as coisas de maneira certa. Ser eficaz é fazer a coisa certa, e a função de um administrador é garantir que os funcionários façam a coisa certa.

Quando monitoramos pessoas, precisamos nos certificar de que avançam na consecução das suas metas. Necessitamos saber como o funcionário está se saindo no trabalho e se existem questões ou problemas de que precisamos ter conhecimento.

Gestores excessivamente controladores sempre demonstram ao funcionário que estão no comando. Verificam constantemente o progresso do subordinado, que acaba sentindo a falta de confiança nele e fica desmotivado. Um bom gestor sabe como é importante mostrar confiança e ser acessível. Ele tem consciência de que é uma autoridade para o seu pessoal. Seu estilo de trabalho é: "Estou aqui se precisarem de mim".

Perguntar informalmente, por exemplo, "Como vai indo o projeto?", é simpático e demonstra interesse. Imagine se o comentário fosse: "Estou preocupado porque você ainda não atingiu sua meta". O funcionário poderia entender que você tem dúvidas quanto à capacidade dele de dar conta do recado.

"Você pode ser enganado se confiar demais, mas viverá atormentado se não confiar o suficiente."

Frank Crane, colunista americano

Aqui estão algumas dicas úteis para um bom monitoramento.

1. Mensalmente, tenha uma conversa particular com o funcionário para saber de seu progresso em relação às metas e aos marcos do trabalho.

2. Exponha suas preocupações de modo positivo. Pergunte, por exemplo: "Você está satisfeito com o prazo que tem para a fase de testes? É suficiente?"

3. Certifique-se de que os funcionários sabem que você está à disposição quando necessitarem de sua contribuição.

4. Crie uma atmosfera de transparência e honestidade, de modo que as pessoas sintam-se à vontade para expor suas inquietações.

5. Seja observador e esteja sempre pronto para intervir quando um funcionário parecer estressado ou ansioso.

Você tem que estabelecer um ponto de equilíbrio quando monitora o trabalho da equipe. Como guia, precisará monitorar um funcionário de perto, se ele for novo ou estiver tendo dificuldades em desempenhar uma tarefa. Os funcionários com bom desempenho exigem menos atenção. Se combinou com eles os objetivos e um cronograma sensato, com etapas bem definidas, então pode deixar que eles sigam em frente com o trabalho.

Excesso de vigilância, no caso de funcionários com ótimo desempenho, pode abalar a confiança.

3.6

Distribua o trabalho de modo equitativo

Um gestor imparcial trata as pessoas igualmente e atribui o trabalho de maneira equitativa. Esse é um assunto delicado porque as pessoas não são igualmente talentosas. Então, como agir para não sobrecarregar os mais competentes e, ainda assim, obter plena contribuição dos menos talentosos?

Vou abordar a questão do planejamento de novo? Vou, sim! Se você não refletir atentamente como fará a distribuição do trabalho, logo descobrirá que um funcionário está sobrecarregado, enquanto o seu colega do lado não faz nada. Verifique a melhor forma de agir.

1. Avalie as forças, os pontos fortes e as deficiências da equipe. Analise quais talentos específicos cada um dos integrantes possui, que tipo de tarefa eles não desempenham bem e o que os deixa realmente animados.

Minuto de reflexão – A carga de trabalho foi distribuída equitativamente entre os integrantes da equipe? Todos estão igualmente ocupados? Você se certificou de não ter atribuído o trabalho mais interessante para um único indivíduo? Todos têm igualmente uma incumbência que exigirá bastante deles?

> **"Seja justo com os outros, mas lembre-os de que eles têm que ser justos com você."**
>
> **Alan Alda, ator americano**

2. Planeje as tarefas, e por quem devem ser realizadas. Qual é o cronograma e quais são as etapas importantes de cada tarefa? Qual o conjunto de habilidades que elas exigem? Algumas podem ser subdivididas e partilhadas?

3. Delegue o trabalho. Combinou uma data de início e de término para o trabalho? Solicitou ao funcionário um cronograma com as etapas importantes da tarefa? Ambos concordam sobre qual será o resultado, se for bem concluída?

4. Monitore o andamento de cada tarefa. Foi iniciada no prazo certo? Os marcos iniciais foram atingidos? O funcionário está tranquilo quanto à realização do trabalho?

Os funcionários adoram realizar as tarefas que executam com facilidade. Mas nem sempre é possível atribuir uma tarefa que vai deixá-los entusiasmados. Ainda assim, podemos tornar o trabalho algo importante se o funcionário souber por que foi escolhido para desempenhá-lo. Pode ser muito motivador lhe dizer, por exemplo: "Sei que você detesta detalhes, mas tem olhos aguçados para enxergar os erros. Preciso de alguém em quem possa confiar totalmente para garantir que esta planilha não tenha erros".

Você precisa planejar cuidadosamente, antes de delegar tarefas à sua equipe.

3.7

Elabore relatórios que as pessoas queiram ler

Nada é mais fácil do que adiar, ao invés de redigir, um relatório. Você fez uma pesquisa interessante, reuniu-se com pessoas interessantes e chega, então, o momento de colocar tudo isso no papel. É uma tarefa complicada para o gestor. Mas, se planejar todo o processo, o trabalho poderá não ser tão difícil.

Cada organização tem seu próprio formato para os relatórios. Tente encontrar algum que foi elaborado anteriormente por outra pessoa. Se foi bem-sucedido, aproprie-se da estrutura. Geralmente um relatório tem a estrutura a seguir:

- Folha de rosto
- Sumário
- Sinopse
- Sumário executivo
- Introdução
- Discussão

Estudo de caso – Um funcionário recebeu a incumbência de escrever um relatório que deveria estar pronto, na mesa do seu chefe, às 9 horas da manhã de segunda-feira. Ele trabalhou durante o fim de semana inteiro e produziu um documento muito bem fundamentado de quase 80 páginas.

- Resumo e conclusões
- Recomendações
- Apêndice

Mas a habilidade de fato é como você se organiza para redigir o relatório.

- **Pense na sua audiência.** Para quem o relatório é dirigido? Qual deve ser o nível de formalidade? Quem mais poderá ler o trabalho?
- **O quão detalhado deve ser?** Você deve produzir um relatório de apenas uma página com recomendações ou um documento volumoso que será minuciosamente analisado?
- **Decida a finalidade do relatório.** O seu objetivo é auxiliar as pessoas a tomarem uma decisão? Elas estão esperando que a decisão seja recomendada no próprio relatório?
- **Você precisará de ajuda em sua pesquisa?** Quem você deve consultar? Sua pesquisa reflete um equilíbrio de diferentes opiniões?
- **Faça um esboço das informações no papel.** Isso o ajudará a estruturar o formato geral do relatório e a assegurar de que mantém um raciocínio lógico.

Divida o trabalho em seções, estabelecendo uma data de início e de finalização para cada uma delas. Comece o relatório escrevendo sua introdução. Então escreva a seção de "resumo e conclusões". Isso realmente o ajudará a escrever o resto do relatório depois.

Relatório sugestivo é o que foi redigido tendo em mente o seu leitor.

Quando o entregou, o gerente foi direto para a página de custos e disse "Ah, não podemos nos permitir este gasto", e colocou o documento na caixa de saída de correspondência. O fato é que o gerente queria apenas uma estimativa de custo!

Capítulo 4

Comunique-se em todas as direções

Tenho certeza de que, em qualquer curso de treinamento que aborde as habilidades administrativas consideradas fundamentais, a comunicação estará em primeiro lugar. Muitas pessoas acham que conversar e se comunicar é a mesma coisa. No entanto, a capacidade de ouvir e a linguagem corporal também são igualmente importantes. Este capítulo aborda diversos aspectos distintos desse tema, incluindo a comunicação com o seu chefe, seus pares, sua equipe e pessoas de outras culturas.

4.1

Administre o contato com seus superiores e subordinados

Sempre que abordamos o tema da gestão, automaticamente pensamos nas pessoas que se reportam a nós. Mas, e os nossos superiores? Afinal, o seu chefe pode tornar sua vida muito mais agradável. Nesse aspecto, existem algumas habilidades necessárias – e você precisa refletir cuidadosamente sobre qual estratégia deve adotar.

Gosto do site www.badbossology.com, especialmente de uma pesquisa realizada por ele, na qual 48% dos entrevistados responderam que, se pudessem, demitiriam seu chefe, 29% gostariam que ele fosse avaliado por um psicólogo, e 23% mandariam seu superior fazer um treinamento em administração.

Então, seu superior é um santo ou um pecador? De qualquer maneira, você terá que manter um bom relacionamento com ele e que assegure vivência mais agradável no ambiente de trabalho. Eis aqui algumas ideias úteis que eu gostaria de lhe oferecer.

■ **Procure saber quais as metas e desafios do seu chefe.** Ele também tem objetivos a cumprir, exatamente como você. Descubra-os e não os esqueça. Será mais fácil obter mais recursos se eles ajudarem seu chefe a cumprir suas metas.

"Adoro morangos com creme, mas sei que, por uma estranha razão, os peixes gostam mais de minhocas. Por isso, quando vou pescar, uso minhocas como isca."

Dale Carnegie, autor do livro *Como Fazer Amigos e Influenciar Pessoas*

- **Procure conhecer a personalidade de seu chefe.** Como ele ou ela gosta de trabalhar? Quais são seus interesses, preferências, e o que o desagrada?
- **Estabeleçam as metas em conjunto.** Você deve deixar claro que ambos estão trabalhando nas coisas certas. Não basta apenas colocar seu chefe a par das suas realizações. Ele ou ela deve saber quais são as suas próximas prioridades.
- **Evite surpresas.** Ninguém gosta de más notícias. Se você suspeita de que alguma coisa não está saindo como o planejado, deixe que seu chefe saiba disso – rapidamente!
- **Converse na linguagem dele.** Todo chefe tem um modo de processar as informações. Alguns preferem os preâmbulos, outros se fixam nas conclusões. Descubra e aprenda essa linguagem.
- **Cumpra os compromissos.** É raro um chefe se queixar de alguém com alto desempenho, portanto, cumpra os seus objetivos, e o respeito que seu chefe tem por você vai se elevar.
- **Ofereça soluções, e não apenas problemas.** Não é isso que você quer da sua equipe? Então mostre que você analisou detidamente os fatos, mesmo que as opiniões de vocês dois sejam diferentes.

Aprenda a linguagem do seu chefe e utilize-a sempre.

4.2

Acesse o canal de retorno das informações

Todos nós temos pontos cegos. Por exemplo, quando encontro algum colega da faculdade e penso "Puxa, como ele envelheceu!", sou um idiota por achar que pareço o mesmo jovem de outrora. Assim, um bom *feedback* vai lhe prestar um grande favor: acordá-lo para a realidade. Afinal, você pode estar prestes a fazer algo desastroso...

Ter um retorno de qualidade já começa no âmbito da sua equipe. Só porque seus subordinados talvez evitem lhe dizer alguma coisa, não significa que você esteja fazendo um excelente trabalho. Portanto, deixe que saibam que você acolhe com prazer um *feedback*. Mas não faça perguntas fáceis de responder com um simples "não". Por exemplo, se perguntar "Posso melhorar a maneira como faço o meu trabalho?", a resposta pode ser difícil. Então, facilite as coisas fazendo perguntas deste tipo:

Estudo de caso – Na segunda vez em que foi preterido numa promoção, o funcionário ficou furioso. Examinou novamente os requisitos exigidos para o cargo e teve certeza de que tinha a experiência e as habilidades requeridas. A entrevista tinha sido boa. Mas havia algo mais. Em uma convenção da empresa, ele tomou alguns drinques com sua chefe. Claro que uns drinques sempre deixam uma pessoa mais à vontade. O

- O que mais eu poderia fazer para ajudá-los?
- Em que exatamente eu ajudaria no seu trabalho?
- O que eu poderia fazer para beneficiar a equipe?
- O que gostariam que eu fizesse?

Quando receber um *feedback*, agradeça sempre. Uma resposta cortês sua vai encorajar as pessoas a se manifestarem com mais sinceridade da próxima vez que as questionar. Em nenhuma circunstância coloque-se na defensiva. Essa é a melhor maneira de fechar o canal de retorno para sempre.

E quando o *feedback* não é correto? Isso acontece. Bem, a resposta é exatamente a mesma. Não importa o que você pensa: é a percepção deles. E a percepção é a verdade deles. Então você sabe o que tem que mudar.

Sempre agradeça por um *feedback*, independentemente se for positivo ou não.

funcionário, então, insistiu com ela para saber a razão de não ter sido aprovado. "Você é muito superficial", a chefe respondeu constrangida. "Você leva tudo na brincadeira. As pessoas não o levam a sério, e essa é uma função séria". Esse era o ponto cego do funcionário. O que, para ele, era uma maneira mais agradável de ver a vida, foi visto pela organização como desrespeito. A partir daí, ele ficou focado em seu ponto cego.

4.3

Aprenda a se conhecer

"Nenhum homem é uma ilha", disse John Donne. E nenhum gestor é uma ilha. Você tem que manter relacionamentos com as pessoas. Não se trata apenas de contatos diretos, mas precisa se relacionar com outras áreas da organização. Há algumas regras básicas que podem ajudá-lo a criar um círculo sólido, e cada vez maior, de pessoas à sua volta.

- **Demonstre interesse autêntico pelas pessoas.** Dale Carnegie disse que "o verdadeiro caminho para chegar ao coração de uma pessoa é conversar sobre coisas que são de grande valor para ela". E ele estava certo.
- **Reflita antes de falar.** Se alguém o incomoda, conte até cinco antes de questioná-lo. Se você reagir, pode sentir-se bem no momento, mas o desgaste permanece, mesmo depois do incidente.
- **Mantenha um contato mais pessoal.** Tenho família e interesses fora do ambiente de trabalho. Se você permitir que eu converse sobre isso, de imediato serei simpático com você. Então, procure conhecer as paixões das pessoas fora do trabalho.
- **Tenha sensibilidade com os outros.** Humor é uma coisa complicada. Você pode provocar risos do grupo, mas a pessoa à qual está se referindo poderá sentir-se profundamente ofendida.
- **Jamais faça fofoca.** As pessoas nunca contam segredos para um gestor bisbilhoteiro. Sua credibilidade pessoal corre perigo quando você critica as pessoas pelas costas. Se alguém tentar contar uma fofoca para você, mude de assunto o mais rápido possível.

> **Minuto de reflexão** – Quem você respeita? Esse respeito é partilhado por outras pessoas dentro da empresa? Por quê? Quais comportamentos você observa nas pessoas que são respeitadas? Consegue imaginar quais são os valores delas? São comportamentos que você também deve demonstrar?

- **Crie uma reputação positiva.** Alguém disse que "o mundo está repleto de radiadores e de drenos. Os radiadores irradiam calor e positividade. Os drenos simplesmente exaurem tudo". E você, o que é?
- **Cumpra suas promessas.** Se não tem certeza de que pode atender a um pedido, diga isso abertamente. Prometa menos e ofereça mais. O problema é que muita gente faz exatamente o contrário.
- **Mostre respeito.** Sempre nos deparamos com pessoas com as quais não simpatizamos, mas jamais as trate com desrespeito. Seja imparcial. Você vai ter que tolerar esse indivíduo durante uma hora. Ele tem que tolerar a si mesmo 24 horas por dia.

Vamos falar novamente de valores. Se você se comportar de maneira respeitosa, seguindo os seus princípios, aposto que a sua credibilidade e o respeito das pessoas por você aumentarão, e muito rápido. E olha que não sou de apostar.

Demonstrando real interesse pelas pessoas, você cria uma ótima rede de contatos.

4.4

Pergunte primeiro, depois ouça as respostas

Fazer boas perguntas é um aspecto fundamental do trabalho de um gestor. Pense a respeito: são avaliações, entrevistas, revisões disciplinares, conversas privadas, reuniões, tomadas de decisão. E, depois dos questionamentos, você terá que ouvir atentamente o que as pessoas dizem.

É necessário fazer uma distinção entre perguntas abertas e fechadas.

■ **Perguntas abertas.** Elas lhe fornecem informações e instigam as pessoas a falarem. Em geral, essas perguntas começam com "quem", "o quê", "por que", "quando", "onde" e "como". Se a resposta que você receber for um simples "sim" ou "não", então, provavelmente, é uma pergunta fechada.

■ **Perguntas fechadas.** Incluem termos como "conseguir", "poderia", "fez", "tem", "será", "são" etc. É uma lista grande. Como gestores, necessitamos de informações que nos auxiliem a aprimorar nossas decisões. Por isso devemos fazer perguntas abertas na maior parte do tempo.

Uma excelente técnica é fazer perguntas, mas manter a neutralidade. É preciso deixar claro que somos flexíveis. No caso de uma conversa difícil, é melhor não deixar transparecer que ainda não cheguei a uma conclusão. Por exemplo, quando pergunto a um funcionário "Por

"Ouça ou sua língua o deixará surdo."

Provérbio indígena

que você ofendeu aquele cliente?", dou a entender que estou convencido de que a culpa é dele. Melhor seria se eu perguntasse "O que aconteceu entre você e o cliente?". Nesse caso, o funcionário tem a possibilidade de dar a sua versão do que ocorreu.

E o que bons ouvintes fazem?

- **Deixam claro que estão ouvindo.** As pessoas sabem quando você está "desligado", e isso é ofensivo.
- **Suas respostas mostram que estão atentos.** O que dizem é uma evolução natural do que foi dito, e agir dessa forma desenvolve e expande uma conversa.
- **Colocam-se em uma posição neutra.** Não se apresse em julgar o que a pessoa está lhe informando, achando que já entendeu tudo, pois, nesse momento, você deixa de ouvir.
- **Sua reação física é adequada à mensagem.** Se uma pessoa estiver contando uma história engraçada, aquele que ouve sorri. Se a notícia não for boa, eles ouvem com seriedade. Os maus ouvintes sempre confundem as duas atitudes.
- **Não interrompem.** Eles esperam a pessoa concluir seu pensamento. Se interferirem para dar uma opinião antes da hora adequada, a conversa não chegará a lugar algum.

A capacidade de se manter neutro, quando se está perguntando e ouvindo, é fundamental.

4.5

Tenha tato ao lidar com as pessoas

Um gestor deve sempre escolher suas palavras com cuidado para não transtornar o subordinado. A sua capacidade de se controlar quando precisa transmitir uma mensagem muitas vezes pode distender uma conversa difícil. Se não dominar essa habilidade, a situação pode piorar ainda mais. Em primeiro lugar, você tem que decidir se vai falar ou não. Em seguida, precisa esclarecer a situação e tomar muito cuidado com a própria reação.

O que é ter tato? É escolher exatamente o que dizer ou fazer sem ofender. "Escolher" é a palavra importante nesse caso, e pessoas que não têm tato ignoram isso: falam imediatamente o que têm em mente e depois se arrependem. Os gestores devem filtrar tudo o que falam.

Ao se comunicar, lembre-se de que a maneira como se expressa pode aumentar a autoestima do interlocutor – ou destruí-la. Por exemplo, em vez de dizer "Essa introdução que você fez está longa demais", seria muito melhor "Sua apresentação contém um material excelente, mas eu encurtaria a introdução".

"Ter tato é a arte de nada dizer, quando nada há para ser dito."

Anônimo

Quando estiver tendo uma conversa difícil, adote estes métodos.

- **Pense, em vez de falar!** Um acesso de cólera passa rápido. Mantenha a mente sob controle e demonstre interesse. Se você fizer isso, já avançou 75% do caminho.
- **Faça perguntas.** Há duas razões para isso. Primeiramente, perguntar lhe dá um tempo crucial para pensar. Em segundo lugar, você demonstra respeito ao estimular o interlocutor a expor sua opinião.
- **Tenha uma compreensão clara do assunto.** Faça perguntas que possam esclarecê-lo, para se certificar de que entendeu plenamente o ponto de vista da outra pessoa. Por exemplo: "Quer dizer que você está aborrecido por causa de...?"
- **Fale com cuidado.** Assegure-se de ser neutro no que vai dizer. Mais tarde, depois de refletir detidamente sobre o assunto, você poderá dar sua opinião, mas pense se é necessário falar naquele momento.

Finalmente, vamos deixar claro um ponto: usar de tato, ou ser diplomata, não significa evitar o confronto. É preciso ser direto e honesto, e o que realmente interessa é assegurar que as pessoas o ouçam. Para isso, você não deve ignorá-las quando tentam dizer alguma coisa.

Ter tato significa exercer suas opções e controlar o que diz e faz.

4.6

É ótimo colaborar

Pare para pensar se sua rede de contatos dentro da empresa é suficientemente ampla ou se poderia ser maior. Se você deseja aumentar sua influência, deve estabelecer uma atitude de colaboração com outros gestores, e isso exige o que chamamos de "mentalidade da abundância". É um traço de personalidade que vai defini-lo como uma pessoa que tem postura singular.

A expressão "mentalidade da abundância" foi empregada pela primeira vez por Stephen Covey, no livro *The Seven Habits of Highly Effective People (Os Sete Hábitos das Pessoas Altamente Eficazes)*. Na obra, o autor define o que é uma atitude com base na qual os recursos e o sucesso são partilhados por todos. É o oposto da "atitude de escassez". Você conhece esse tipo de pessoa: é aquela que acha que não tem muito para dividir, de modo que passa o tempo todo ocultando o pouco que acredita possuir.

■ **Gestores participativos.** São indivíduos essencialmente positivos, que confiam nos outros e procuram sempre reforçar seus vínculos – e influência – dentro da organização. Esses profissionais têm grande autoestima, são seguros no que fazem e não se preocupam sobre quem vai ficar com os louros por determinada ação.

■ **Relações de confiança.** Como os gestores participativos são indivíduos muito positivos, eles atraem seus semelhantes e estabelecem fortes relações de confiança. São pessoas sempre solícitas, liberam

> **"Somente quando nos unimos os nossos talentos se tornam visíveis, até para nós mesmos."**
>
> Margaret Wheatley e Myron Kellner-Rogers, consultores de negócios

recursos, por saberem que o colega realmente necessita deles, e prestam favores sem pedir nada em troca. Eles cuidam dos interesses tanto do cliente como da organização para a qual trabalham.

■ **Os inimigos da colaboração.** Cinismo e competição são inimigos da colaboração. Gestores competitivos concentram-se em seus próprios ganhos e criam a chamada "mentalidade de bunker", que funciona isolada, dentro da própria equipe e desconfiada das boas intenções dos outros. Como, para eles, "conhecimento é poder", guardam as informações para si, mesmo que, potencialmente, isso possa prejudicar iniciativas ou relacionamentos importantes.

Portanto, a escolha é sua. Mas, saiba o seguinte: nem todas as tentativas para criar um espírito de colaboração são recebidas positivamente. Gestores competitivos vão se mostrar muito desconfiados de seu comportamento, mas as pessoas de bom caráter às quais você vai se ligar compensarão algumas decepções ao longo do caminho.

A colaboração com outros gestores vai ampliar sua esfera de ação e sua influência.

4.7

Seja um devorador de cultura

O mundo parece estar cada vez menor. Fala-se muito em "aldeia global", e as empresas internacionais querem que seus gestores sejam "glocais", ou seja, globalizados, mas com raízes locais. Muitos têm a maravilhosa oportunidade de se relacionar com pessoas de diferentes culturas, mas saiba que um conhecimento mais aprofundado de uma nova cultura exige real sensibilidade.

Cultura é muito mais do que comida, hábitos e língua. Culturas diferentes têm códigos que não estão imediatamente aparentes. Compreender esses códigos e responder de modo inteligente a eles é um desafio, mesmo para quem viaja muito, e aprender a trabalhar com pessoas de outras culturas pode ser vital para um administrador.

Aqui estão algumas sugestões que vão ajudá-lo a compreender diferentes culturas e códigos.

- **Informe-se o máximo que puder.** A internet é excelente para isso. Converse com alguém que já trabalhou com pessoas de outra cultura.
- **Aprenda a conviver com a disparidade.** Nem todas as culturas são fáceis de serem compreendidas. Vá com calma, senão pode ser extenuante, mas a sua paciência sempre será bem recompensada.
- **Observe e aprenda.** Observe atentamente como as pessoas de outras culturas interagem. Como se vestem. Como conversam. Com

> **"Diversidade não significa ver como somos diferentes, mas sim aceitar a individualidade de cada um."**
>
> **Ola Joseph, escritor motivacional nascido na Nigéria**

certeza você encontrará alguns indícios que podem ser de grande ajuda para aprimorar sua interação.

- **Investigue fazendo perguntas.** Muitas pessoas gostam de falar sobre a sua cultura. Então, faça perguntas. Mostre curiosidade. Elas certamente notarão seu interesse e apreciarão sua atitude.
- **Fale pausadamente.** Pode ser frustrante para um estrangeiro quando nos expressamos em nosso ritmo normal. Especialmente para aqueles que não falam bem a nossa língua. Solicite previamente para ser interrompido quando estiver se expressando rápido demais.
- **Cuidado com o humor.** O humor não viaja bem de um lugar para outro, de maneira que, na dúvida, é melhor evitá-lo.
- **Não generalize.** Com certeza você vai encontrar pessoas com personalidades diferentes dentro de seu próprio meio cultural. O mesmo acontece em outra cultura. Se alguém é calado, não se trata necessariamente de uma questão cultural. Provavelmente a pessoa não é de falar muito.
- **Procure conferir se suas ideias são corretas.** Pergunte às pessoas com quem trabalha o que acham das conclusões a que chegou sobre uma determinada cultura. É um excelente meio de saber se são coerentes.

Informe-se o máximo que puder, e previamente, sobre como é trabalhar com pessoas de outras culturas.

4.8

Aprenda a linguagem corporal

É importante para um gestor saber ler a linguagem corporal, especialmente em situações que envolvem forte carga emocional ou quando alguém é colocado à prova. É vital saber também como os gestos são interpretados em países e culturas diferentes.

Infelizmente, há muitos mitos sobre a linguagem corporal. Por exemplo, você pode ver alguém de braços cruzados e pensar "Interessante, essa pessoa está claramente na defensiva", embora isso não esteja necessariamente acontecendo, se ela estiver sozinha. Para entender a linguagem corporal é necessário, antes de tudo, agrupar os sinais – posturas e gestos.

- **Um sinal típico.** Como você demonstra para a equipe que está atento? Bem, sua tendência é ficar parado, até um pouco inclinado para a frente. Com frequência, sua cabeça se inclina ligeiramente, e você fixa o olhar na pessoa que está falando. Se há alguma coisa que pode distraí-lo, você procura ignorar. Quando está concentrado, mantém a testa franzida.

- **Não exagere a sua linguagem corporal.** Se você já é um bom ouvinte, não procure mudar sua linguagem corporal. É errado deixar de ouvir o interlocutor para se concentrar em seu comportamento como ouvinte! Mas observe esse comportamento nas pessoas às quais está se dirigindo.

> **Minuto de reflexão** – Observe algum conhecido que, às vezes, tenha um comportamento defensivo. Como é a atitude normal dele? Que sinais de comportamento você observa quando ele se coloca na defensiva? Quantos tipos de comportamento se combinam nesse sinal?

■ **A linguagem corporal em outras culturas.** Muitas vezes, alguns gestos têm significados diferentes em outros países. Você vai descobrir que levantar o polegar é um gesto positivo nos Estados Unidos, mas, se fizer isso para alguém em Bangladesh, a pessoa a quem está se dirigindo ficará ofendida. Olhar diretamente nos olhos das pessoas é importante em muitos países europeus, enquanto que, em algumas culturas asiáticas, um olhar muito prolongado tem efeito bastante negativo.

À medida que o mundo fica cada vez menor, as coisas mudam lentamente. No Japão, a saudação mais comum é fazer uma reverência. Mas você vai perceber que, para muitos executivos japoneses, basta um simples aperto de mão. Especialmente para aqueles que trabalham em outros países.

Procure usar uma linguagem corporal que respeite a cultura do outro. Descubra como alinhar a sua postura, o contato visual e a distância em que se senta ou se coloca ao lado dessa pessoa, sem ser ofensivo.

Procure desvendar os sinais, não os simples gestos, na linguagem corporal de uma pessoa.

4.9

Redija os e-mails com cuidado

As pessoas parecem se esquecer de que um e-mail diz muito a seu respeito. Os e-mails podem expressar a personalidade e o estilo de gestão de um indivíduo, até mesmo o seu nível de respeito pelo destinatário. Portanto, um e-mail deve ser redigido com muito cuidado. É um lembrete permanente sobre como é a pessoa que o redigiu.

Há uma etiqueta para redigir e-mails, à qual aderi, e que quero compartilhar com você.

- **Use o mesmo estilo do remetente.** Se a pessoa é direta, meu e-mail em resposta também é direto. Se for de um amigo, então você pode imaginar que minhas mensagens são muito mais afetuosas.
- **Leia cuidadosamente o e-mail antes de enviá-lo.** Você não pretende ficar ocupado com longas trocas de mensagens. Assim, certifique-se de que a sua resposta abrange todos os pontos relevantes levantados.
- **Escreva frases curtas.** Estudos mostram que somente 4% dos leitores concluem uma frase de 27 palavras; 75% compreendem uma frase com 18 palavras; e 95% uma frase de 8 palavras.
- **Estrutura e formato.** É mais fácil ler o que você redigiu em uma folha de papel do que na tela do computador. Assim, você pode utilizar essa técnica para fazer um esboço de seu e-mail de modo claro.

> **Minuto de reflexão** – Procure na sua caixa de "Enviados" algum e-mail importante que você tenha enviado recentemente. Atendeu aos critérios acima? O tom de sua mensagem transmite o que a seu respeito? Contém erros? Você consegue localizar os erros de gramática?

- **Não inclua todo mundo nas suas respostas.** Você gosta de receber e-mails que não lhe interessam? Então não faça isso com os outros!
- **Se o problema é complicado, use o telefone.** Melhor ainda, vá ao encontro da pessoa. O seu tempo será usado de maneira mais rápida e eficaz.
- **O título do "Assunto" deve ser pertinente.** Especialmente quando você está às voltas com longas trocas de e-mails. Portanto, mude o título quando o conteúdo do e-mail for diferente.
- **Jamais redija um e-mail num momento de cólera.** Sabemos que é bom ficar calado quando estamos irados. O mesmo vale para os e-mails. Se puder, responda no dia seguinte – calmamente.

Preencha a linha "Destinatário" por último, porque, enquanto não houver nenhum endereço anotado, se você, por um descuido, clicar em "Enviar", não vai causar nenhum desastre.

O tom e o conteúdo de seus e-mails transmitem uma imagem forte de seu nível de profissionalismo.

Capítulo 5
Contrate os melhores

Há uma frase popular que diz: "Pessoas de primeira classe contratam pessoas de primeira classe. E pessoas de segunda classe contratam as de terceira". Se você deseja contratar os melhores candidatos para integrar sua equipe, terá que convencê-los – pela maneira profissional como conduz uma entrevista – de que está no lugar certo para trabalhar. Infelizmente, nem todos os gestores pensam nisso, e o baixo nível de desempenho de sua equipe é prova da sua falta de habilidade para contratar eficazmente.

5.1

Saiba exatamente o que está procurando

A pior maneira de buscar um novo funcionário é pensar: "Saberei o que desejo quando vir a pessoa". Na verdade, você deve estar pensando: "Vou escolher a pessoa que mais se parece comigo". Mas você precisa parar para determinar o perfil da pessoa de que necessita. E a objetividade é a maneira mais segura de encontrar o candidato certo.

Por que isso é tão importante? Bem, já foi calculado que o custo de substituir um candidato contratado por erro no recrutamento equivale a duas vezes o salário anual do funcionário. Portanto, vamos procurar entender bem essa área tão essencial.

Elabore uma especificação do cargo e deixe claras as qualidades e habilidades necessárias para determinada função. Se a sua organização não possui um documento desse tipo, então faça uma lista contendo os elementos seguintes:

- **Quais são as funções importantes do cargo?** Faça uma lista de todas as tarefas que o funcionário deverá realizar e certifique-se de que incluiu aspectos como, por exemplo, com quem ele deverá trabalhar.
- **Quais são as habilidades necessárias?** Cada função tem condições e razões que podem inviabilizar um acordo entre você e o candidato. São cinco ou seis habilidades que o candidato precisa dominar para ser bem-sucedido.

"Recrutar fica muito mais fácil quando a empresa tem a reputação de ser um excelente local de trabalho."

Joanna Meiseles, fundadora do *Snip-its*, rede de salões de cabeleireiro infantil nos Estados Unidos

- **Quais qualificações o candidato deve ter?** Você exige formação profissional ou qualificação acadêmica em determinada disciplina? Alguma outra qualificação que o candidato precise ter se estiver se candidatando à vaga?
- **Qual o nível de experiência que você deseja?** Qual nível de experiência espera de um futuro contratado? Você precisa de alguém que dê uma contribuição imediata para a equipe?
- **Quais são as exigências específicas da função?** Há requisitos físicos ou pessoais específicos? Você jamais iria contratar um bombeiro que tem medo de altura. Apesar de isso parecer evidente, conheci pessoas que lidavam com serviço ao consumidor sem terem a mínima ideia de como falar com um cliente.

O fator positivo de elaborar um documento com o perfil do candidato é que você se torna objetivo quanto ao que está procurando. À medida que os candidatos se apresentarem, com calma você pode avaliar cada um com base nas especificações.

Se já existe na empresa um documento similar, aqui vai um alerta. Quase sempre está desatualizado. Procure alguém da área para saber se as especificações no documento refletem o que está sendo exigido para a vaga em aberto.

Uma especificação bem preparada do cargo vai torná-lo mais objetivo e concentrado na busca do melhor candidato para a função.

5.2

Prepare-se para impressionar na entrevista

Ótimo. A especificação do cargo foi feita. Agora vamos à entrevista propriamente dita. Não se esqueceu de nada? Os candidatos vão se preparar muito bem para a entrevista. E você? Não deve estar bem preparado? Afinal, também vai ter que impressionar.

Você elaborou uma lista de habilidades. Sublinhou as condições e razões que podem inviabilizar uma contratação. Mas como saber se os candidatos têm essas habilidades? Vai confiar apenas na palavra deles? É importante preparar perguntas que podem comprovar se eles têm as competências necessárias.

Essas perguntas são uma oportunidade para o candidato falar de sua experiência profissional. Você precisa de provas de que já realizaram as tarefas que vai exigir deles. E a maneira de questioná-los sobre isso é crucial. Aqui estão alguns exemplos para explicar o que quero dizer.

Estudo de caso – Um dia, quando nos sentamos para elaborar as perguntas para a entrevista com candidatos a um cargo de vendedor, um antigo gestor falou-me da importância dessa preparação. "Experimente," disse-me ele, "reflita sobre as perguntas que você faria". Fiz, então, uma lista de questões que considerei pertinentes. Adicionei condições que, em minha opinião, eram imprescindíveis para a função, como "persistente",

■ **Trabalhando com pessoas difíceis.** Se perguntar ao candidato se teve alguma experiência de trabalho com pessoas difíceis, ele poderá simplesmente responder: "Sim, muitas". Isso não significa nada, e é fácil mentir. Em vez disso, peça que faça uma retrospectiva de suas experiências, citando exemplos. Se pedir a ele que fale sobre a pessoa mais difícil com quem já trabalhou, a resposta dele terá que ser mais completa.

■ **Atuar como parte de uma equipe.** Esse é um elemento importante na função para a qual ele se candidatou? Então, pergunte-lhe: "Qual foi a equipe mais bem-sucedida da qual você fez parte?" E prossiga: "Qual foi a sua contribuição pessoal para o sucesso dela?". Entendeu?

Sua tarefa é redigir nove ou dez perguntas desse tipo baseadas na especificação do cargo. As respostas que receber são indicativos da experiência e habilidades dos candidatos.

Perguntas focadas na experiência passada de um candidato fornecem uma visão muito melhor da competência que ele tem.

"comunicador excelente", "persuasivo" e "ótimo conhecimento do produto". Passei a lista ao meu gestor, para sua aprovação. "Então você se concentraria nessas áreas?", ele indagou. "Mas e quanto aos clientes?". Percebi que tinha omitido uma habilidade crucial para um vendedor. A sua capacidade de se relacionar com o cliente. É por isso que você tem que dedicar certo tempo para se preparar. Porque pode esquecer questões fundamentais.

5.3

Poupe tempo, entrevistando por telefone

Alguns candidatos parecem bons no papel. Mas, no momento da entrevista, percebemos que o currículo deles é... criativo. Assim, eles o fazem perder tempo, e você está desperdiçando o deles. Como evitar isso? Fácil. Por que não uma entrevista por telefone?

Um currículo nem sempre fornece as informações que você deseja. Pode, por exemplo, informar que o candidato teve experiência com um determinado tipo de *software*. Mas isso não quer dizer nada. Então, marque primeiramente uma entrevista por telefone. Se achar que ele tem realmente a experiência necessária, então o entreviste pessoalmente. Mas tenha cuidado. Mesmo que isso possa lhe poupar tempo, ainda assim você deve se preparar. Há algumas medidas imprescindíveis a serem tomadas para fazer uma entrevista por telefone.

1. Examine o currículo do candidato. Quais áreas específicas você pretende explorar mais detalhadamente? A competência técnica? Alguma área importante na personalidade dele da qual precise se certificar?

2. Detenha-se nas especificações do cargo. Lembre-se das habilidades essenciais – aquelas condições imprescindíveis exigidas para a função.

"O telefone é um ótimo meio de falar com as pessoas, sem precisar oferecer a elas um drinque."

Fran Lebowitz, autora e colunista americana

3. **Prepare uma estrutura para a entrevista.** Redija suas perguntas e decida em que ordem vai formulá-las.

4. **Faça um esquema de pontuação.** Decida de que maneira vai avaliar se o candidato é ou não adequado ao cargo.

5. **Verifique como vai registrar as informações.** Vai tomar notas ou terá alguém participando da ligação que se encarregará disso?

6. **Dê tempo para as perguntas que o candidato poderá lhe fazer.** Pode haver algumas áreas a respeito das quais ele queira saber mais.

7. **Determine como vai encerrar o telefonema.** Vai dar algum *feedback* para o candidato? Qual será a próxima fase?

Ligue para o candidato exatamente na hora combinada. Jamais cinco minutos mais cedo ou mais tarde. Qualquer atraso que haja não deve ser maior do que dois ou três minutos. Além disso, deixe o candidato à vontade para tirar o máximo proveito da entrevista por telefone.

A preparação para uma entrevista por telefone deve ser tão rigorosa quanto para uma conversa frente a frente.

5.4

Faça com que bons candidatos queiram trabalhar com você

Se você elaborou um bom questionário, então essa parte da entrevista deve ser fácil. Mas há alguns imprevistos a serem evitados. Podem surgir situações em que, de repente, você percebe que o candidato está no controle da situação – e não você. Então, utilize algumas técnicas que o ajudarão a realizar uma ótima entrevista.

1. Sempre receba o candidato pessoalmente. Desta maneira, você já estabelece uma relação imediata e tranquiliza a pessoa.

2. Apresente os outros entrevistadores ao candidato e informe-o como a entrevista vai decorrer. Diga a ele quanto tempo deve durar a sessão.

3. Explique a área de competência antes de colocar suas questões. Isso orienta o candidato, permitindo que saiba o que vai lhe ser perguntado.

4. Quando um candidato responder às suas perguntas, explore os detalhes. Procure averiguar por que agiu de determinada maneira. O que o motivou a determinadas ações? O quão competente parece ser?

5. Esconda o jogo. Um jogador de pôquer não exibe suas cartas para os parceiros. Então, não demonstre muito entusiasmo quando estiverem respondendo às suas perguntas. Pois, nesse caso, estará fornecendo pistas sobre o que realmente busca.

6. Dê tempo para o candidato responder. Refletir sobre uma resposta exige algum tempo. E você não está testando a capacidade de o candidato dar respostas super-rápidas. Mas vai querer se certificar de que ele possui a experiência necessária para ocupar o cargo.

7. Faça anotações. Se o seu dia foi repleto de entrevistas, precisará dessas notas. Os candidatos acabam se misturando uns com os outros. Com anotações bem-feitas, você consegue se lembrar de informações importantes sobre cada um deles.

8. Não diga nada que possa sugerir ao candidato que ele conseguiu a vaga. Sempre se refira ao futuro funcionário como "O candidato que for aprovado". Jamais diga, por exemplo, "Quando começar, o que esperamos de você é...". Soa como se já fosse uma oferta do emprego.

9. Não tente confundir o candidato. Ser simpático em um momento e desagradável em outro podem transtornar um excelente candidato. Aja normalmente. Candidatos mais descontraídos dão respostas mais completas.

No final da entrevista, esclareça o entrevistado sobre o que deverá ocorrer em seguida. É uma cortesia. Ele deve saber quando você pretende entrar em contato para a próxima etapa.

Você deve tornar a entrevista a mais profissional possível, uma vez que você também está sendo entrevistado.

5.5

Evite aquela atração fatal

As entrevistas terminaram. Agora é o momento de escolher o melhor candidato para o cargo. Às vezes, já está claro quem é o melhor. Mas será mesmo? Ao entrevistar um candidato, precisamos ter o cuidado de não perder a objetividade, o que nos impede de tomar uma decisão mais profissional.

Em uma pesquisa realizada em 2008, 2.266 contratantes foram interrogados sobre se um dia concederam a vaga para alguém porque era o candidato mais atraente. Espantosamente, 88% responderam que sim.

Vamos ser claros. Dentro da nossa empresa, temos a responsabilidade de recrutar pessoas que cumpram satisfatoriamente os objetivos estabelecidos para elas. Gestores que recrutam constantemente pessoas com baixo desempenho acabam arranjando dificuldades para eles próprios.

> **Estudo de caso** – Anos atrás, uma amiga candidatou-se a um cargo de Chefe de Pessoal (o antigo nome para o atual setor de Recursos Humanos). Jaque era uma pessoa inteligente, extrovertida e ótima nos detalhes. Perfeita para a função. Imagine a sua decepção quando outra pessoa conseguiu a vaga. Tratava-se de uma candidata de aparência cinematográfica. Era jovem e

Então, como ter certeza de que avaliamos as pessoas de modo imparcial e objetivo? Sugiro que você classifique os candidatos com base na experiência que transmitiram durante a entrevista em cada habilidade previamente determinada. Use estes indicadores.

3. O candidato demonstrou ter experiência profissional acima do exigido para a função.
2. Demonstrou experiência na habilidade necessária para o cargo.
1. Demonstrou alguma experiência em uma habilidade que poderia ser exigida – provavelmente precisará de treinamento.
0. Demonstrou pouca ou nenhuma experiência na habilidade.

Agora, o que tem a fazer é examinar as notas que deu para cada candidato e fazer uma classificação de cada um. Se tinha em mente um candidato que foi muito bem na entrevista, isso foi confirmado na avaliação feita agora?

A escolha do candidato mostra a sua própria capacidade de ser objetivo.

muito, mas muito, atraente. Contudo, não conseguia soletrar a palavra "Assistente de Pessoal". E não era boa para o cargo. O gerente de pessoal que a contratou tornou-se motivo de piada dentro da empresa e, logo depois, ele a demitiu. Recrute um candidato pela sua capacidade. O aspecto exterior de uma pessoa raramente tem alguma coisa a ver com a função.

Capítulo 6

Forme uma excelente equipe

Uma equipe de alto desempenho tem tudo a ver com harmonia. Gestores de equipes esportivas passam noites em claro tentando descobrir como conseguir isso. É exatamente a mesma coisa com uma equipe de trabalho. Seus membros têm que se complementar. No início, podem discutir e brigar, mas, com um bom líder, esses problemas são superados, e eles criam um espírito de união e utilizam o máximo das suas habilidades coletivas. Cada membro da equipe compreende o seu papel e o dos colegas de time.

6.1

Defina os papéis de cada integrante da equipe

Ótimas equipes são formadas por um conjunto variado de habilidades. Cada integrante contribui com uma habilidade diferente, estabelecida para a tarefa a ser cumprida. Quando um gestor consegue esse conjunto de competências, terá uma equipe com potencial para ser realmente bem-sucedida.

Um dos primeiros a compreender essa combinação de personalidades distintas dentro de uma equipe foi o Dr. Meredith Belbin. Em sua pesquisa, ele concluiu que há nove papéis desempenhados em um grupo.

- **Implementador.** O indivíduo prático da equipe.
Coordenador. O líder natural da equipe, embora não seja necessariamente o chefe formal.
- **Formatador.** A pessoa de ação da equipe, com frequência o líder formal.
- **Semeador.** O indivíduo que desenvolve as ideias dentro da equipe, e é o seu mentor intelectual.
- **Investigador.** A pessoa que faz a ligação com os contatos externos.
- **Monitor/Avaliador.** O juiz da equipe e, com frequência, o integrante mais objetivo e neutro.
- **Trabalhador da equipe.** Ou unificador. Aquele que atua como

"Você não consegue harmonia quando todos cantam a mesma nota."

Doug Floyd, jornalista americano

o harmonizador da equipe, muitas vezes referido como a argamassa do grupo.
- **Finalizador/Completador.** O que controla a equipe e compulsivamente vigia os prazos e detalhes da tarefa.
- **Especialista.** O perito da equipe, o provedor de conhecimentos e habilidades técnicas.

Naturalmente, existem outras teorias muito boas a respeito desse assunto, mas a do Dr. Meredith Belbin é a mais conhecida. As pessoas podem assumir dois ou três papéis dentro da equipe, e não apenas um. Por exemplo, um integrante com grande capacidade para monitorar os detalhes também pode ser o indivíduo que faz as coisas acontecerem.

Um líder competente avalia a ampla base de habilidades de sua equipe e procura observar as possíveis lacunas, ou seja, habilidades que não estão presentes nos atuais integrantes da equipe. Uma vez identificada a lacuna, ele trabalha para definir como será preenchida. Por exemplo, uma equipe pode estar repleta de pessoas com boas ideias, mas que não conseguem analisá-las objetivamente. É preciso verificar se posso assumir esse papel ou recrutar outra pessoa que possua essa habilidade.

Quanto maior a presença de habilidades distintas, maior será a produtividade da equipe.

6.2
Conduza seu grupo para uma viagem

Todas as equipes fazem uma viagem, sem sair de suas mesas. No caso de algumas, o destino é o sucesso. Para outras, pode ser a decepção e muito confronto. A diferença está na pessoa que as comanda. A capacidade do administrador pode realmente assegurar que a sua equipe encontre o caminho certo e nele permaneça.

O psicólogo americano Bruce Tuckman identificou cinco estágios na viagem de um grupo.

1. Formação. O entusiasmo (e a ansiedade) toma conta da equipe que está sendo formada. Os integrantes começam a se familiarizar uns com os outros. Não espere muito trabalho nessa fase.

2. Turbulência. Nesse estágio, a lua de mel acabou. Os egos entram em conflito à medida que as diferentes expectativas emergem. Ideias são propostas, e planos são apresentados. O ânimo do grupo pode despencar drasticamente.

3. Normatização. Os integrantes da equipe começam a se entender. A produtividade é boa, mas pode melhorar. Rotinas são estabelecidas.

4. Desempenho. Agora sim. Temos um verdadeiro núcleo profissional. A equipe está concentrada em um objetivo comum. A partir daí, surgem resultados significativos.

> **"O talento vence os jogos, mas o trabalho em equipe e a inteligência conquistam campeonatos."**
> Michael Jordan, estrela do basquete

5. Dispersão.
A equipe se separa, e as pessoas passam a se dedicar a outras coisas. É um momento de satisfação, se as metas tiverem sido alcançadas.

A cada etapa você tem um papel crucial a desempenhar. Se a sua equipe acabou de ser formada, então seus integrantes vão necessitar de diretrizes. Persuasivamente, venda seus objetivos e embarque cada um dos integrantes no projeto.

Quando a equipe entrar em uma fase de turbulência, provavelmente os conflitos começarão a germinar. Tente evitar que isso ocorra. Atue como mediador. Intervenha de modo que os egos se acomodem. Dê retorno e procure tranquilizá-los.

Quando o grupo chegar à fase de normalização, o seu papel de líder muda. Os processos de tomada de decisão e as tarefas têm que ser coerentes e aceitos por todos.

Logo depois, a equipe passa para o estágio de desempenho. Agora sim, você começa a se afastar. Talvez um pouco de *coaching* ou aconselhamento sejam necessários. Mas o grupo deverá trabalhar a maior parte do tempo sem você.

Se for uma equipe montada para um projeto, finalmente chegará ao estágio da dispersão. Forneça *feedback* aos integrantes quanto ao desempenho de cada um. Talvez você tenha que auxiliá-los a encarar novos desafios em outros projetos. Você atua como uma ponte, levando-os para a próxima fase da vida profissional deles.

O gestor deve mudar sutilmente o seu enfoque a cada etapa da viagem.

6.3

Desperte o espírito de equipe

Um forte espírito de equipe não acontece por acaso. É como um relacionamento: requer muito trabalho. Existem algumas coisas simples que você pode fazer para criar e manter um ótimo sentimento entre os integrantes do seu time. Eis aqui o meu coquetel de oito dicas para estimular o espírito de equipe.

1. **Demonstre sua paixão pelo trabalho.** Muitos subordinados tiram lições das atitudes de seu gestor.

2. **Comemore todas as metas superadas com sucesso.** Como também as realizações, objetivos alcançados ou qualquer evento que considere interessante ser comemorado. Ter sucesso traz uma sensação ótima.

3. **Apresente seu pessoal para os parceiros e clientes importantes.** Alguns integrantes da equipe nunca viram as pessoas para as quais estão trabalhando. Vai visitar um cliente? Leve os membros do grupo com você.

Estudo de caso – Embora tentasse realizar reuniões mais divertidas e animadas, Stefan tinha dificuldade para criar um espírito de equipe. Certa vez, eu me reuni com o grupo, que era ótimo: pessoas divertidas, inteligentes e serenas. Quando Stefan estava fora da sala, tinham um ótimo espí-

4. **Monte uma equipe autogerenciável.** Quando as pessoas sabem que, juntas, compartilham responsabilidades reais, um forte sentimento de companheirismo é gerado.

5. **Assimile o bom humor gerado pela equipe.** Grandes equipes sempre têm o seu próprio senso de humor. Encoraje neles esse aspecto. Faz parte da linguagem do grupo.

6. **Estimule a transparência.** "Panelinhas" podem destruir uma equipe, pois as pessoas sentem que outros podem estar falando delas por trás. Não permita que isso ocorra.

7. **Livre-se da burocracia.** Ou seja, aqueles obstáculos que surgem no meio do caminho. Práticas de trabalho ineficazes realmente derrubam uma equipe.

8. **Crie oportunidades para as pessoas se integrarem.** Saídas do grupo, de dia ou à noite, para um almoço ou jantar em algum restaurante. Esses encontros estimulam o sentimento de união.

Demonstre seu compromisso com a equipe, e os demais integrantes logo o imitarão.

rito de equipe. Mas, quando ele aparecia, ficavam todos murchos. Ele insistia, tentava motivar o pessoal, mas todos pareciam constrangidos. A noção de espírito de equipe deles era diferente da de Stefan. E ele não entendeu isso nem os incentivou.

6.4

Crie uma equipe de altíssimo nível

O espírito de equipe é o combustível que impulsiona as pessoas. Mas você terá que moldá-las e guiá-las para que se transformem em um grupo fora de série. Equipes de padrão internacional possuem algumas características essenciais na execução das atividades. Essas características são valorizadas e demonstradas por todos – inclusive pelo administrador.

1. **Todos os integrantes da equipe querem alcançar suas metas.** E não se trata de um compromisso desapaixonado.

2. **O grupo assume a tarefa e sente-se responsável por ela.** Quando um membro da equipe tem alguma dificuldade, os colegas intervêm imediatamente para auxiliá-lo.

3. **Cada um dá a sua contribuição.** Não existem aproveitadores em uma equipe forte. Cada um faz a sua parte.

4. **Os integrantes da equipe tomam iniciativas.** Quando se sentem seguros, em qualquer situação repentina que surja eles conseguem tomar decisões.

5. **A equipe é constantemente desafiada a elevar seu nível de desempenho.** O gestor sabe que zonas de conforto anestesiam a capacidade e o entusiasmo de seus integrantes.

> **Minuto de reflexão** – Examine os sete elementos dessa lista e classifique cada um em relação à sua equipe. Mostre-os para os integrantes e peça que também elaborem uma classificação. Em que aspectos gostariam de se concentrar? O que necessita ser mudado? Analise os avanços na próxima reunião do grupo.

6. Inovação e mudança são vistas como atividade constante. Nada de cruzar os braços quando as metas são alcançadas. A equipe responde positivamente quando trabalha em um ambiente em contínua ebulição.

7. Avaliações constantes. O desempenho deve ser avaliado continuamente em relação aos objetivos buscados pela equipe. Esse processo inclui também tirar lições de experiências importantes, que vão reforçar o conjunto de competências e habilidades da equipe.

Você pode pensar que uma equipe de alto desempenho deve contar sempre com os melhores profissionais. Não é verdade. Pesquisas indicam que uma equipe formada apenas por estrelas quase sempre tem fraco desempenho. Os integrantes passam a maior parte do tempo disputando para ser o chefe do grupo, em vez de trabalhar para atingir os objetivos.

A contribuição do gestor para o crescimento do grupo é tudo. O seu interesse e o seu sentido de missão a cumprir são contagiantes. O gestor tem que estimular a confiança e o respeito no interior da equipe. Quando os integrantes do grupo notam alguma comunicação em que não há respeito, ou há quebra de confiança, eles reagem. Nenhuma equipe de alto desempenho progrediu sem esses dois elementos fundamentais.

Equipes de alto desempenho estão profundamente comprometidas em alcançar seus objetivos.

6.5

Comunique-se com uma equipe virtual

Administrar uma equipe remota ou virtual é o teste mais difícil da capacidade de comunicação de um gestor. Requer uma abordagem mais confiante. O gestor terá que ser mais minucioso e objetivo em seu enfoque. Ele deixa de monitorar o que as pessoas fazem para se concentrar no que elas alcançam.

Qual é a diferença entre equipes virtuais e remotas? Numa equipe virtual, as pessoas se reportam a outros gestores – não àquele que comanda o time. No caso de uma equipe remota, embora dispersa, todos os integrantes se reportam ao mesmo gestor. Para evitar que a equipe perca confiança, seja ela remota ou virtual, siga estas regras.

1. Comunique-se como nunca fez antes. Use a tecnologia nesse caso. Certifique-se de que seus subordinados compartilham as informações de maneira aberta e proativa.

2. Combinem as metas, funções e responsabilidade de maneira muito clara. Aproveite todas as oportunidades para fomentar a confiança dentro do grupo.

3. Comunique-se de maneira simples. Não use palavras em língua estrangeira nem nuanças de linguagem que não possam ser compreendidas por toda a equipe. Certifique-se sempre de que todos entenderam a sua mensagem.

> **"Unir esforços é um bom começo. Manter a união é um avanço. Trabalhar unido é uma vitória."**
>
> **Henry Ford, empresário americano da indústria automobilística**

4. Reveja regularmente a situação. Verifique a eficácia de toda a comunicação feita com a equipe.

5. Mantenha contato permanente com o grupo. E-mails e mensagens de texto enviadas regularmente mantêm os integrantes da equipe mais próximos.

6. Seja tolerante com os horários. Lembre-se de que as diferenças de fuso horário têm um grande impacto na eficácia das reuniões virtuais.

7. Negocie quando for necessário. Os integrantes de uma equipe virtual podem ter projetos diferentes, que acabam prejudicando a contribuição deles para o seu. Seja compreensivo e negocie um acordo que satisfaça a todos.

Administrar uma equipe virtual ou remota tem muito a ver com comandar uma equipe em um mesmo escritório. Você apenas precisa ser muito mais perspicaz. Se as coisas malogram, não fuja de sua responsabilidade. É fácil responsabilizar a tecnologia ou a distância entre você e os membros do grupo. Bons gestores virtuais procuram se inteirar do que está errado, e resolver a questão.

Trabalhe para manter um alto nível de contato em sua equipe virtual ou remota.

6.6

Arranje tempo para reuniões

Reuniões com os integrantes da equipe não apenas criam um espírito e sentimento de união, mas permitem que eles compartilhem e debatam ideias. Alguns gestores acham que isso é desnecessário porque, afinal, todos trabalham no mesmo local e, de qualquer maneira, conversam a respeito de suas incumbências. Mas eles se esquecem de alguns aspectos cruciais que tornam as reuniões de equipe tão importantes.

Há quatro razões importantes para você se reunir regularmente com sua equipe.

1. Reunião é uma oportunidade de interagir. As pessoas se atualizam quanto ao avanço das tarefas e dos projetos em curso. Esse tipo de comunicação é muito importante para coordenar as atividades da equipe.

2. A equipe pode analisar e avaliar as informações. Os integrantes não só compartilham informações, mas também podem avaliar novos dados e os desenvolvimentos do projeto. Com frequência, a avaliação em grupo é mais fundamentada e acurada.

> **Minuto de reflexão** – Pense sobre as últimas reuniões que fez com sua equipe. Até que ponto os seus subordinados as consideraram valiosas? O que a linguagem corporal dos participantes lhe transmitiu? Como você pode tornar essas reuniões ainda melhores? Seria necessário reunir o time com mais frequência? Ou quem sabe marcar reuniões com menos frequência?

3. A equipe pode tomar decisões. A reunião é sempre o local ideal para se adotarem medidas referentes a ações futuras. É também um fórum muito útil para a solução de desavenças e mal-entendidos.

4. O gestor pode motivar e inspirar sua equipe. Objetivos decididos pela equipe muitas vezes motivam mais os integrantes do que os estabelecidos pela liderança. As reuniões permitem ao gestor facilitar acordos em grupo.

Se os gestores pretendem evitar que as reuniões de suas equipes sejam improdutivas, devem fazer perguntas como "Por que estamos nos reunindo?", "Quais são os objetivos deste encontro?", "Há avanços suficientes que justifiquem a reunião?". É preciso evitar o reunir por reunir. Você conhece esse tipo de gestor a que me refiro: "Reúno a equipe todas as segundas-feiras porque sempre temos que nos reunir nesse dia". E as pessoas se sentam, esperando que a reunião termine logo para voltarem ao trabalho de fato. Eu já participei de reuniões como essas. Tenho certeza de que você também!

Mas por que muitas pessoas detestam as reuniões? O fato é que reuniões podem consumir um tempo valioso. Portanto, é crucial que os funcionários sintam que o encontro é realmente útil.

Suas reuniões com a equipe devem ter um objetivo prático. Do contrário, não as programe.

6.7
Elabore uma pauta para a reunião

Se as pessoas devem participar de uma reunião, elas precisam conhecer os tópicos a serem abordados. E querem que a reunião se atenha a eles. A pauta ou agenda é a melhor maneira de estruturar e estabelecer o ritmo de uma reunião de equipe. Portanto, prepare uma agenda, de maneira que a reunião se concentre nos tópicos em discussão – e não saia disso.

Aqui estão três sugestões importantes de procedimentos para adotar antes de uma reunião.

- **Decida e comunique os objetivos da reunião.** Mesmo que a equipe se reúna regularmente, é importante ser claro quanto ao que se quer alcançar em cada reunião.
- **Decida quem participará, onde e quando será o encontro.** Você talvez queira convidar alguém de fora da equipe. E sempre é preciso reservar o melhor local, o quanto antes possível.
- **Prepare a pauta.** Esse documento vital permitirá à equipe saber como a reunião vai se desenrolar. Cada item da agenda indicará o tópico a ser discutido e como será abordado.

"Reuniões sem pauta são como um restaurante sem cardápio."

Susan B. Wilson, consultora empresarial americana

Ao elaborar o programa, procure estruturá-lo da maneira seguinte.

- **Tópicos de abertura.** São discutidos assuntos fáceis, questões rotineiras e algum problema urgente, mas que possa ser discutido brevemente.
- **Tópicos centrais da reunião.** Envolvem questões mais longas e mais complicadas ou que possam gerar discussões. A equipe ficará mais atenta durante essa fase da reunião.
- **Encerramento.** Talvez possa contar com a presença de um orador convidado. Encerre a reunião com temas fáceis e interessantes.

Certifique-se de que a pauta estabeleça de modo claro o início e fim da reunião. Indique o local onde será realizada e quem estará presente. Demarque um tempo de discussão para cada tópico constante da pauta. Identifique a pessoa da equipe que vai liderar a discussão de cada item. Faça uma rápida reunião com ela para combinarem como você deseja que a discussão seja coordenada.

Um item que está cada vez mais raro nas pautas modernas é "outros assuntos". Não acho que tenha tanto valor. Em minha opinião, se houver algum assunto importante que você gostaria de colocar em discussão, ponha na agenda. Se não for tão importante, deixe para falar disso fora da reunião.

Um último ponto: se a reunião for longa, estabeleça pausas e faça constar na agenda.

Sua agenda fornece estrutura para a reunião e permite que você controle as opiniões oferecidas pelos participantes.

6.8

Seja um bom moderador

O sucesso de uma reunião de equipe depende sempre do controle por parte de quem a preside. É o seu trabalho que vai assegurar que a reunião tenha início, encerre no horário previsto e decorra de maneira eficaz. O controle de uma reunião tem que ser estabelecido desde o início. Eis aqui sete dicas para você se manter no comando de uma reunião.

1. Comece na hora marcada. Em algumas organizações, as reuniões que deveriam começar às 10 horas da manhã na verdade têm início às 10h15. Empenhe-se para que as suas reuniões sejam famosas por começarem na hora marcada. Os retardatários logo aprenderão!

2. Inicie falando da finalidade e dos principais objetivos do encontro. Peça aos participantes que consultem a pauta e sublinhe a duração de tempo destinada a cada tópico. Nomeie as pessoas que vão liderar a discussão sobre os diferentes itens da pauta.

3. Se necessário, peça às pessoas que se apresentem. Um rápido giro pela equipe pode ser necessário, no caso de haver um conferencista convidado ou outro visitante presente à reunião.

4. Defina alguém para tomar notas e controlar o tempo. O melhor é que essas funções, quando necessárias, sejam delegadas para

> **Minuto de reflexão** – Você já participou, e vai participar, de reuniões presididas por outros profissionais. Eles iniciam bem as reuniões? Estabelecem os objetivos do encontro de maneira profissional? Compare a abordagem deles com a maneira como você abre a sua reunião. Que lições você pode tirar dessa comparação?

outra pessoa. Isso permite a quem preside a reunião concentrar-se no andamento dela.

5. Informe o grupo sobre o horário de término da reunião. Destaque esse horário já no início. Vai ser útil posteriormente quando precisar lembrar aos participantes muito loquazes a necessidade de serem breves.

6. Examine os temas abordados em reunião anterior. Reveja rapidamente os temas do encontro anterior que foram deixados para a presente reunião.

7. Seja breve na abertura dos trabalhos. O ritmo que você estabelece no início da reunião transmite um sentido de urgência e a necessidade de fazer avançar a discussão. Não recomendo adotar uma atitude muito descontraída.

Se essa for sua primeira reunião, então por que não estabelecer um procedimento para as reuniões subsequentes? Determine as regras pedindo aos participantes que combinem normas de comportamento com as quais todos concordem, como desligar os celulares, não interromper alguém que esteja falando etc. Caberá a você, então, garantir que essas regras sejam respeitadas.

Um início de reunião consistente estabelece imediatamente a credibilidade de quem preside o encontro.

6.9

Nas reuniões, dê a todos a oportunidade de falar

Muitas frustrações emergem durante uma reunião. E se há alguma coisa que realmente irrita as pessoas é alguém dominando a discussão. Uma das funções de quem preside a reunião é assegurar que isso não ocorra. O seu papel também é garantir que pessoas menos exuberantes tenham voz no debate. Elas podem não falar demais, mas têm importantes contribuições a dar.

Um bom moderador é assertivo e envolve todos os participantes usando estas técnicas.

■ **Interrompe os participantes dominadores.** Habilmente, ele os interrompe com frases como: "Sara, você já disse como se sente em relação a isso. Gostaria que Andréa desse agora a sua opinião. Andréa...".

Estudo de caso – Grace descreveu suas reuniões com a equipe como "um saco de gatos". Desconfiei de que ela não conseguia se impor nas reuniões. Participei de uma delas como convidado. Cheguei pontualmente às 11h30. Fui o primeiro a chegar... e Grace foi a última. A reunião começou, até o momento em que alguém se deu conta de que tinha

- **Certifica-se de que haja um equilíbrio nas contribuições.** Alguns moderadores anotam o nome da pessoa que se expressa, fazendo uma marcação adicional cada vez que ela dá uma sugestão. Dessa maneira, sabem quais são os membros mais discretos.
- **Introduz na discussão os participantes mais calados.** Ele usa a linguagem do corpo para conter quem começa a dominar a reunião (um levantar de mão, talvez). Em seguida, convida alguém que ainda não se expressou.
- **Controla a ordem das pessoas que querem se manifestar.** Observa as pessoas que querem dar sua opinião e as chama, seguindo uma ordem: "João, você responde primeiro, depois Ana e encerramos o assunto com a Juliana".
- **Convida uma pessoa para iniciar a discussão.** "Alan, você está muito envolvido com esse assunto. Fale-nos de sua experiência".
- **Mantém o foco, atento às intervenções.** Com frequência, as pessoas saltam de um item a outro da agenda. O moderador habilidoso está sempre atento e intervém: "Eduardo, gostaria que você retornasse ao assunto".
- **Resume o que foi discutido.** Quando as pessoas estão totalmente imersas no assunto, o moderador mantém a conversa nos trilhos fazendo um rápido resumo da discussão.

Ao presidir uma reunião, sua função é assegurar um equilíbrio das contribuições oferecidas pelos participantes, um a um.

se esquecido de levar um material gráfico que ela pretendia mostrar. "Esse pessoal da criação é impossível!", disse ela, desculpando-se. A reunião, com certeza, foi exatamente como Grace a descreveu. Havia muita conversa pela sala, e a reunião se prolongou de modo alarmante. Muita cordialidade e muito calor humano, mas nada de decisões e progresso.

6.10

Transforme palavras em ações

Você não vai querer que a equipe saia da sala de reunião achando que aquele foi um momento de distração. Os integrantes têm que deixar o encontro decididos a alcançar resultados. Transformar palavras em ação é a maneira de assegurar que a reunião não foi do tipo em que se fala muito, e nada fica resolvido. É na reunião que decisões são adotadas, e as pessoas assumem a responsabilidade por sua implementação.

Tenho um amigo que costumava fazer piada dos itens de ação definidos nas reuniões. E perguntava: "'Quando esses itens de ação são acionados?' E ele mesmo respondia: '10 minutos antes da próxima reunião!'".

Como assegurar que isso não ocorra em suas reuniões? Quando um tópico da agenda é discutido, geralmente começam a surgir os itens de ação, ou seja, uma tarefa documentada, um evento, uma atividade ou uma ação que devem ser implementados.

Esse item de ação deve ter estes elementos.

- Um dono. A pessoa responsável pela incumbência.
- Um resultado. Um comunicado claro sobre qual será o resultado da ação.
- Uma data. Quando a ação deverá estar cumprida.

"Quando o resultado de uma reunião for apenas marcar outra reunião, o encontro foi inútil."

Herbert Hoover, ex-presidente dos Estados Unidos

A data de conclusão de um item de ação geralmente não fica estabelecido. Por isso, o responsável pelo item de ação estará correndo de um lado para o outro, tentando concluir a tarefa 10 minutos antes da próxima reunião.

Reuniões improdutivas são aquelas em que o moderador permite que o grupo debata ideias exaustivamente, mas nunca propõe uma ação. No entanto, os itens de ação são vitais porque dão às reuniões a sua razão de ser. São novos desafios que tornam a equipe mais unida para alcançar seus objetivos. Parafraseando Winston Churchill, o que tiver a ver com guerra é guerra, e o que tiver a ver com conversa é conversa.

Portanto, certifique-se de que todos os participantes sejam esclarecidos sobre o que se espera deles, e quando você quer ver os primeiros resultados.

Muitas organizações não possuem mais as chamadas "Minutas de Reunião". São vistas como perda de tempo e muito formais. Muitos preferem as mais modernas e dinâmicas "Agendas de Ação", listas com os itens de ação acertados na reunião, indicando quem será o responsável pela tarefa e a data de conclusão.

Como líder da reunião, é importante distribuir essa agenda, ou pauta, o mais breve possível para os participantes. Ela desperta um ímpeto real e estimula o responsável pelo item de ação a... agir!

Itens de ação precisam ter um resultado claro, um responsável e uma data de entrega do trabalho.

Capítulo 7

Trate o orçamento com respeito

Uma das tarefas do administrador é ajudar a equipe a entender que tudo que realiza tem relação direta com o sucesso da organização. O sucesso normalmente é mensurado em dinheiro, e o dinheiro que você controla é o seu orçamento. Para muitos, um orçamento é o mapa da mina que vai levá-los a atingir seus objetivos. Quando o orçamento estiver elaborado, a próxima etapa será negociar com o diretor financeiro. Se você não preparar o orçamento corretamente, poderá ter que refazê-lo algumas vezes.

7.1

Vincule o orçamento à estratégia

Embora a estratégia de uma empresa seja determinada no âmbito da diretoria, todos têm que conhecê-la. O responsável por assegurar que os funcionários, que estarão em contato direto com o orçamento, assumam seu papel nessa estratégia, é o administrador. Ele é o elo vital entre a equipe sênior e as pessoas que levam a cabo a estratégia.

Em qualquer lugar que você trabalhe, dinheiro é um fator importante. Você trabalha em uma empresa focada no lucro? Ou talvez seja uma organização sem fins lucrativos? Seja como for, o seu desafio é tentar encontrar os métodos mais econômicos e que contribuam para a estratégia global da companhia.

Há dois tipos de estratégia. A primeira é a organizacional. A equipe sênior elabora uma estratégia de longo prazo e estabelece uma direção: para onde caminha a organização e como chegará ao ponto desejado. São especificados os marcos e organizadas as finanças, de modo a atingir o objetivo geral.

> **"Dinheiro é horrível de se perseguir, mas encantador de se encontrar."**
> **Henry James, romancista americano**

> **Minuto de reflexão** – Pergunte-se: Qual é a estratégia organizacional em sua empresa? Qual é a estratégia operacional? Como se adaptam? O que a equipe vai realizar para contribuir com a estratégia? Há alguma coisa que você pode mudar para contribuir mais efetivamente? O quão bem sua equipe responderia a essas mesmas questões?

A segunda é operacional, a maneira como cada área da empresa tem que se organizar para contribuir com sua parte para a estratégia organizacional. A estratégia operacional envolve as pessoas, os recursos e os processos necessários. Nessa fase, você tem um papel importante. Administrando os recursos sensatamente e conseguindo o melhor da sua equipe, estará contribuindo de forma efetiva para a estratégia da organização.

Tudo o que você e sua equipe fizerem produzirá ganhos ou perdas de receita. O que ocorre quando consegue manejar bem uma situação em que as pessoas estão desmotivadas? Elas voltam a trabalhar eficazmente. E quando não consegue resolver o problema? Nesse caso, elas vão trabalhar menos. Ambos os resultados têm uma implicação financeira.

Um importante fator na motivação dos integrantes de uma equipe é chamado de linha do horizonte. Eles precisam ver claramente o que o time precisa realizar, contribuindo eficazmente com a estratégia da organização, e compreender como essa estratégia afeta a maneira como vão operar. O gestor eficiente sempre relaciona a estratégia global da empresa ao trabalho realizado pela equipe.

O gestor tem que conectar as atividades de cada integrante da equipe à consecução da estratégia organizacional.

7.2

Entenda o seu orçamento

Algumas pessoas ficam amedrontadas com a ideia de planejar e respeitar o orçamento. Mas você sempre administra orçamentos como, por exemplo, a sua conta bancária pessoal. Um orçamento empresarial não é diferente. E você deve ter a mesma preocupação com ele, como se o dinheiro fosse seu.

Orçamento é o planejamento do que você vai gastar durante um período de tempo, geralmente um ano. É uma forma de esquematizar como usar seus recursos mês a mês e também serve como um mapa que o ajudará a atingir objetivos e metas.

No caso de alguns departamentos, o orçamento inclui também uma projeção da quantia em dinheiro que deverá entrar para a empresa. Um orçamento de operação de vendas deve projetar o volume de receita que a equipe deve gerar no próximo período.

Toda empresa tem o seu orçamento global, e quem se encarrega dele geralmente é o diretor financeiro. O seu orçamento faz parte desse orçamento global.

Há ainda dois outros orçamentos. O orçamento de caixa, que controla o fluxo de caixa imediato da organização, e o orçamento das despesas de capital, que contempla os recursos destinados a projetos individuais.

> **Minuto de reflexão** – Quem se ocupa do orçamento de sua equipe? Se não for você, então fale com seu gerente a respeito disso. Ele é responsável por quais rubricas? Com que frequência o orçamento é revisado? O quão próximo ele está das previsões originais? Se for você quem se ocupará do orçamento, então por que não partilhar as informações com a sua equipe?

Os números do orçamento são expressos em termos monetários em uma planilha. Cada orçamento tem uma série de rubricas mostrando as áreas que estarão sob sua responsabilidade.

Em geral, você deverá controlar estas áreas:

- **Despesas com pessoal.** Salários e outros gastos com funcionários.
- **Telecomunicações.** Despesas com telefones celulares ou outros aparelhos móveis etc.
- **Despesas de representação.** Gastos feitos em contatos com clientes importantes.
- **Suprimentos para escritório.** Cartuchos de impressora, papel, canetas etc.
- **Transporte e viagens.** Custos associados a viagens de trabalho.
- **Treinamento.** Iniciação da equipe, treinamento continuado etc.

O orçamento é comumente elaborado para um período de três meses, ou mensalmente. Alguns orçamentos não mudam. No entanto, muitos gestores precisam revisar suas previsões à medida que o ano avança. Se surgiram fatos inesperados, eles terão que negociar algumas mudanças no orçamento.

O orçamento serve como teste da capacidade do administrador em prever as necessidades e tendências nos negócios da empresa.

7.3

Preveja o futuro

Em muitas organizações, a habilidade de um gestor para preparar seu orçamento e trabalhar dentro do que foi previsto é um importante indicador de seu desempenho. Se conseguir preparar um excelente orçamento e concluir as tarefas de acordo com ele, a sua credibilidade aumentará muitíssimo. Para preparar um orçamento acurado, você deve ter capacidade de prever o futuro.

Basta mencionar a palavra "orçamento" para muita gente olhar enviesado. Mas esse é um momento importante, quando você vai refletir atentamente sobre a direção de seu departamento. Bem elaborado, o orçamento o ajudará a tomar decisões corretas. E, melhor ainda, ao concluir o processo, você vai ter um controle real dos gastos com a gestão da equipe.

Se você for considerado alguém que tem compreensão real de como o ano deve decorrer, seus colegas ouvirão seriamente tudo o que tiver a dizer. Além do mais, quando se dirigir ao diretor financeiro para pedir mais recursos, ele o ouvirá porque, no passado, você já forneceu bons resultados.

Aqui estão sete diretrizes para preparar o seu orçamento.

1. Converse com as pessoas à sua volta. Fale com sua equipe, clientes, fornecedores, todos que possam lhe fornecer informações sobre o que acham que os próximos 12 meses podem trazer. E a consulta é grátis!

"Não agonize, organize!"
Florynce Kennedy, advogada americana da luta pelos direitos civis

2. Planeje o seu orçamento fora do escritório. Não faça seu orçamento em um local em que pode haver interrupções. Uma reflexão séria exige paz e tranquilidade.

3. Elabore um orçamento realista. Não coloque cifras que não se concretizarão. O resultado disso é o diretor financeiro mandar refazer o orçamento e não acreditar nas suas previsões orçamentárias.

4. Desmembre as tarefas necessárias para atingir cada meta estabelecida. Isso aumenta a precisão dos números finais. E o ajuda a convencer seu diretor da necessidade dos recursos que está solicitando.

5. Leve em conta a inflação. Percebeu que os gastos em casa estão ficando maiores? Bem, é o mesmo em uma empresa, portanto, faça uma provisão.

6. O seu orçamento deve ser flexível. O que vai acontecer com certeza? O que pode acontecer? É preciso considerar o inesperado.

7. Esteja pronto para vender os benefícios. Deseja mais recursos? Ótimo, mas o seu diretor, sempre que possível, quer ver quais benefícios os recursos adicionais devem gerar. Venda esses benefícios, em termos financeiros.

Se você pretende aumentar seu orçamento, terá que mostrar os benefícios que esse acréscimo vai gerar.

7.4

Negocie abertamente

Negociar o orçamento com seu diretor financeiro pode ser difícil. Hoje, as empresas sempre procuram verificar onde poderão cortar gastos. Portanto, não será nada fácil. Eis aqui sete dicas para você negociar de forma positiva com seu diretor financeiro.

1. Não faça projeções mirabolantes. Se, no final, elas estiverem erradas, seu diretor poderá até reduzir seu orçamento.

2. Não deixe de checar se suas previsões são seguras. Mesmo que sejam razoáveis, você vai ter que comprovar para o diretor como chegou a elas.

3. Trabalhe de modo construtivo com o diretor financeiro. Ambos estão fazendo o seu trabalho. Em uma negociação, você tem que ser flexível. Pode obter o que deseja, mas terá que fazer concessões e aceitar como e quando vai obter os recursos.

> **Estudo de caso** – A diretora financeira de uma empresa de tecnologia falou-me a respeito de um gestor difícil de tratar, com quem precisou negociar. Gary recebeu tudo o que havia requisitado. Quando ela pediu mais detalhes sobre o *hardware* que ele solicitou, Gary colocou-se em posição defensiva e questionou "Para que você precisa saber disso?" Mas, no final, entendeu a situação.

4. Não fique na defensiva. Se o seu diretor financeiro não puder atender ao seu pedido, seja razoável. Não fique amuado, nem se recuse a trabalhar construtivamente.

5. Não esconda os riscos que houver. Apresente a situação na íntegra. Não retenha informações, pois isso pode ser contraproducente para você.

6. Não pense que é apenas uma briga por dinheiro. O diretor financeiro tem muitos outros pedidos para analisar. Você conseguirá mais recursos se demonstrar que esse investimento propiciará um retorno.

7. Não pense que a empresa tem fundos ilimitados. Sua empresa tem recursos financeiros delimitados. Você perde a credibilidade se fizer solicitações pouco realistas.

Negocie assertivamente com o seu diretor financeiro, mas também seja flexível.

"Quando começou a encarar nossa reunião de modo mais positivo, percebeu que não era tão complicado. Seu projeto era bom! Mas, se quisesse financiá-lo com recursos destinados à compra ou expansão de ativos fixos, teria que fornecer mais detalhes a respeito. Quando compreendeu isso, nós, então, pudemos discutir o empreendimento de maneira construtiva".

Índice de jargões

Absenteísmo
Conjunto de regras preparadas pela empresa e que devem ser seguidas pelos empregados no caso de ausências ao trabalho, quando as faltas não forem por motivo de doença ou acidente.

Ambicioso
Indivíduo altamente competente que, com frequência, extrapola as metas estabelecidas e as expectativas da sua tarefa.

Colaboração
Na administração, colaboração é definida como trabalhar em conjunto (frequentemente com alguém de fora da equipe) para atingir um objetivo e assegurar benefícios para o negócio.

Competência
Capacidade de fazer bem alguma coisa, de realizar um trabalho dentro dos padrões necessários.

Condição imprescindível
Habilidade ou técnica que o ocupante de um cargo precisa demonstrar. Se o candidato a uma vaga não conseguir convencer o entrevistador disso, é indicação de não ser adequado para o cargo.

Esconder o jogo
Técnica usada pelos entrevistadores em que não demonstram quais respostas esperam do candidato. Por meio dela, eles mantêm um modo de questionar neutro e uma atitude descontraída.

Estilo de gestão
Conjunto de comportamentos – desde atitudes controladoras até de concessão de poder – demonstrados pelo gestor. Um líder bem-sucedido escolhe, deste espectro, a atitude correta que se ajuste ao indivíduo que está sob sua liderança.

Estratégia
Plano detalhado para se atingir com sucesso determinado objetivo. Em geral, baseia-se nas perguntas: Onde estou agora? Aonde quero chegar? Como vou chegar lá?

Evidência
Exemplos reais que representam o nível de desempenho de uma pessoa. Geralmente inclui dados objetivos (por exemplo: dados da receita, tarefas concluídas etc.), desempenho em períodos ou eventos difíceis e observação comportamental.

Freeloader
Pessoa que procura se beneficiar do trabalho dos outros, mas não oferece qualquer contribuição pessoal.

Glocal
Capacidade de pensar globalmente, mas agir localmente. É o que desejam as empresas multinacionais em termos de comportamento e práticas adaptados às comunidades locais onde operam.

Ladrões de tempo
Tarefa, atividade ou comportamento que tenha pouco valor para os nossos objetivos. Por exemplo: participar de uma reunião irrelevante.

Meta
Nível que alguém concordou em atingir. Metas são estágios intermediários para se chegar ao objetivo geral.

Modelo
Exemplo ideal de comportamento que uma pessoa demonstra para as outras. Muitos funcionários de alto desempenho repetem deliberadamente o comportamento das pessoas que admiram.

Motivação
Entusiasmo que uma pessoa demonstra ao realizar uma tarefa ou assumir uma responsabilidade. É também a razão ou necessidade de assegurar que uma tarefa seja realizada.

Objetivo
Em geral, um ponto vago que alguém pretende atingir. Por exemplo, meu objetivo pode ser aumentar a influência da minha equipe na organização. Eu precisaria desmembrar esse objetivo em objetivos específicos e mensuráveis.

Padrão
Nível de qualidade pelo qual será avaliado o desempenho de um indivíduo.

Patrocinador
Indivíduo responsável final pelo projeto. Com frequência, é a pessoa com quem o gerente de projeto acerta a definição, o escopo e resultado do trabalho.

Ponto Cego
Comportamento – geralmente negativo – que alguém demonstra em relação a outra, mas do qual não tem consciência.

Prioridade
Atividade que exige maior atenção do que as outras, seja pela importância, urgência ou ambas.

Projeção
Cálculos feitos em relação ao futuro, quase sempre baseados na experiência de fatos passados.

Receita
Rendimentos gerados por um indivíduo, departamento ou uma empresa.

Zona de conforto
No trabalho, um ambiente em que alguém realiza suas tarefas sem risco de ser contestado. Uma situação física e mental em que a pessoa se acomoda.

COLEÇÃO
SEGREDOS PROFISSIONAIS

Os livros da série *Segredos Profissionais* são indispensáveis para aprimorar suas habilidades corporativas. Dez guias, em linguagem clara e objetiva, trazem estratégias comprovadamente eficazes e de fácil aplicação sobre assuntos de grande importância: apresentação, liderança, negociação, marketing, entre outros do mundo corporativo. Coleção *Segredos Profissionais* – um novo impulso à sua carreira.

EDITORA
FUNDAMENTO
www.editorafundamento.com.br

Conheça também outros livros da FUNDAMENTO

▶ **QUEM PENSA ENRIQUECE**
Napoleon Hill

Todos querem ficar ricos, mas poucos conseguem. Será que existe segredo para se tornar milionário? Você pode descobrir isso em *Quem pensa enriquece* – um livro que cada vez mais tem ajudado pessoas a se tornarem bem-sucedidas e poderosas!

Nesta obra-prima de Napoleon Hill, você vai conhecer as características de grandes vencedores, como Henry Ford e Theodore Roosevelt, e aprender a usá-las a seu favor. Use a imaginação, a persistência e o planejamento e mude a sua vida para muito melhor.